special present for man

赠给男人

礼物

覃卓颖 编著

哈尔滨出版社
HARBIN PUBLISHING HOUSE

序言

一个人怎样穿起记忆的珍珠

　　有一种爱恋，从相思始，直至牵手一生，其中最扣人心弦的环节叫作定情。定情是青涩的少年时代一封夹在书页中的情书；定情是他郑重地系在她颈上的一条丝巾，是她红着脸放在他手心里的一件毛衣；定情是记载生命精彩时刻的盛大婚礼中相互交赠的一枚戒指。

　　有一种牵挂，不忍心让所爱的人受一点委屈，恨不能用全身心来呵护他（她），关心他（她）。于是，女人心疼男人，在寒冷的冬夜为他织就温暖的毛衣；男人怜惜女人，一个问候的电话、一句看似平和的叮咛蕴含着无限的关切。

　　有一种欣赏，于男人，是女人的美丽；于女人，是男人的风度。女人的诗情画意尽在丝巾中，女人的万种风情展露于香水与高跟鞋中；而男人的风雅则体现在他时刻不离的腕表，男人的性感魅力也许就来源于一支挥洒自如的烟斗。

　　有一种浪漫，像一剂毒药，是渴望激情的人们逃不开的诱惑。当女人下班走到电梯口，守候多时的男人在众目睽睽下献上一束艳丽的玫瑰；当备受工作重压的男人疲倦地推开家门，女人已精心准备好烛光晚餐……那一瞬，怎能不定格成永远！

　　……

　　有一种珍藏，就是这些生命中的记忆。那情书、那戒指、那毛衣、那玫瑰……就像一颗颗硕大的珍珠，穿起记忆的珠链。生命无非记忆，当我们老了，或许会发现，原来我们珍藏的那些有关情感的记忆，皆与某件物品有关。我们也许无法计算自己使用过的物品，但总有那么几样东西牵动心灵；我们也许无法理清别人的馈赠，然而历经周折，却始终不忍丢弃那些生命中的"宝物"。触景生情，睹物生情，人生的珍藏不外乎一个"情"字而已。

一件看似平常的物品，如果被冠以"礼物"二字赠给所爱的人，就变得意味深长了，因为每一种礼物都被赋予了甜蜜的物语。人类总是含蓄地将自己的情感投注于某件实物，于是这件物品便会充溢着灵性，弥散着人性的原色。容易被感性色彩所左右的女人对礼物充满了期待，对女人来说，一件令之倾心的礼物至少有三重功用：愉悦身心，衡量自己在他人心中的位置以及接收他人传递给自己的情感信息。当女人细心地将凝聚着情感的礼物珍藏一生时，那个送她礼物的人就成了她记忆中不可或缺的、最妙不可言的一部分。或许男人可以视金钱为身外之物，但男人却永远无法忘记一件令其刻骨铭心的礼物，尤其是当礼物来自于他所钟爱的女人。当女人向男人有所馈赠时，那沉甸甸的分量就会落在他的心上，而她对他的了解、欣赏与关注也将系于她对那份礼物的选择。

在《礼物：送给女人》、《礼物：赠给男人》两本书中，皆以"爱情"为主线，而那一件件精心设计、寓意无限的人生礼物，乃是华光流溢的珍珠。爱情之线穿起来的珍珠，最令人难忘，最令人动容，最具震撼心灵的力量。喜欢一个人，就应该去了解他（她）：其个性、意趣、品位、处境……送人玫瑰，手有余香；送其所爱，情深意长。

"恨人间、情是何物？直教生死相许！"也许，"情"与"物"，就如鱼与水、飞鸟与天空，原本就是不可分的。

目录

Special Present #1　幸福盆栽 …………………………… 002
为爱注入生生不息的力量

Special Present #2　典雅手表 …………………………… 014
今生与你共度

Special Present #3　香醇美酒 …………………………… 026
告诉他男人如酒，愈陈愈香

Special Present #4　温馨家用灯 ………………………… 038
恰似我每一夜温柔的陪伴

Special Present #5　合意鞋履 …………………………… 046
爱就是和你一起走

Special Present #6　沁心暖茶 …………………………… 058
你是我生命中值得细品的那盏香茗

Special Present #7　别致领带 …………………………… 068
甜蜜地缠绕，永远地相伴

Special Present #8　休闲鱼竿 …………………………… 080
做懂得享受闲适生活的从容男人

Special Present #9　质感公文包 ………………………… 092
用它来盛载男人的成就感

Special Present #10　燃情打火机 ………………………… 102
爱火永不止熄

Special Present #11　型格太阳镜 ················· 112
　　　　　　　　　　恋上你的眼神

Special Present #12　浓醇咖啡 ··················· 122
　　　　　　　　　　只为懂它的人涌动暗香

Special Present #13　两个人的烛光晚餐 ············· 132
　　　　　　　　　　享受平凡爱情中的浪漫时光

Special Present #14　"温暖牌"手套 ··············· 142
　　　　　　　　　　放我的真心在你的手心

Special Present #15　老式烟斗 ··················· 154
　　　　　　　　　　成功绅士的专属品

Special Present #16　手织毛衣 ··················· 164
　　　　　　　　　　以最亲密的方式拥抱爱人

Special Present #17　名品钱夹 ··················· 174
　　　　　　　　　　给他安全、富足生活的心理暗示

Special Present #18　手动剃须刀 ················· 186
　　　　　　　　　　让他每一个清晨都能想起你的温柔

Special Present #19　精美钢笔 ··················· 198
　　　　　　　　　　传递男人的信念与思想

Special Present #20　记录生命之旅的相机 ··········· 208
　　　　　　　　　　珍藏生活中的美好印记

幸福盆栽
为爱注入生生不息的力量

Special Present #1 盆栽
Plant

盆栽的植物令人联想到大自然

当城市快节奏的生活越来越使人们变得心浮气躁时，

摆一株绿色植物于爱人的房间，

不失为一个滋养心灵、怡情养性的好方法。

爱情是一株奇异的植物，送他植物或者种子，

都有一种经营爱情的味道

试想，当你们悉心种下种子，

一起等它发芽、生长、开花、结果，这过程是何其美妙。

有人说，男人是属动物的，而女人是属植物的

动物按食性分为肉食、草食、杂食三种；

植物则只要有爱的生命之水滋润便可成活。

好女人是一株好植物，令男人怜惜万分，珍爱不已；

热爱植物的男人懂得，看似单调的植物早已隐秘地昭示生命真正的含义。

His Diary
以最特别的理由

如同你所时常歌颂的那欧洲式的园林或蓝蓝的河水，
或你常常用以自况的那朵白云，
或者绿蒙蒙的山中那绿蒙蒙的雨，
你常说他只要能和你一起赞颂这些，享受这些就够了。
你所寻觅的其实是一种属于灵性的爱情，
一份诗意的爱，
一份切切实实的愿意付出和一份切切实实的被宠惯。
你们所要的其实是大自然赋予我们人类而又一直被我们所忽略的，
被低估了的那一份至高无上的爱情之美。

爱的故事

热爱一盆植物

　　从外地回来,阳台上那盆植物已经蔫了。想起下雨那天从街头把这盆植物买来捧到楼上的时候,植物细密的叶子上沾满了冬日冰凉的雨水。但这并没能阻止它的舞蹈,如濯水的女子,站立在我的掌心。因此那个下午在我的记忆里异常清新。当时似乎还有一个可笑的念头在心里恍惚了一下:要好好对它,起码,要像对待一位心仪的女子那样,倾心地照顾它。

　　我并不知道这盆植物的名字,所以现在只能回忆起它的样子。她的腰肢很细,是那种让人很担忧的细,具体地说,粗不过牙签,一副弱不禁风的样子。一个懒散的人,如果喜欢植物,就应该养仙人掌,仙人掌是沙漠里最常见的植物,就算几个月不浇水也没什么关系——但我的确第一眼就爱上了那棵不知名的植物,它就躲在卖花人木板车上的一个角落,楚楚可怜……它的叶片也是令人我见犹怜,样子像是银杏叶片,但比银杏叶片要轻薄得多,乃至呼吸出的空气都能让它微微颤抖……

　　我把这盆植物放在右手边,那里通常放的是杂乱的报纸和杂志,凌乱如散场的狂欢派对,实在不适合小家碧玉栖身。左手边又是音箱、电话、水杯、软盘之类的物件,在踌躇半天之后,我还是把它放在了电脑显示屏顶端——还好，它似乎很满意高高站立在我的目光之上，像一个卑微的女子因为爱情而变得高傲起来那样，时不时地与我默默相视一笑，然后我继续埋下头来敲打键盘，沉浸在文字里，忘了它的存在。而它似乎并不在意。

办公室是新装修过的，洁白的墙壁，地板，一排排书柜，还有文件筐，只有它是办公室里唯一的绿意。来客人谈事情，前台的女孩把会议桌收拾干净就会到我这边来，为它淋上水，暂时借放过去。一桌子人抽烟，喷云吐雾，它从未流露出反感的样子，偶尔窗台那边吹过一缕风，还会轻扭几下腰身，在这帮不懂情调的糙哥中间它不但毫不羞赧，反而落落大方，仿佛看不见我的心痛。

据说热爱植物的男人希望拥有单纯朴素的情感，喜欢享受简单安逸的生活。我对此说有共鸣。我不喜欢繁花，那些热闹的花朵尽管姹紫嫣红、争奇斗艳，顶多也只是吸引我看一眼而已。我一度以为，上帝创世的时候世界上原是一片绿色的，只是后来人心嬗变才有了名目繁多的花朵。花在某种程度上，意味着欲望和罪恶。唯有单调的植物才能隐秘地昭示生命真正的含义，那就是自然、纯净、不张扬、绵延流长……

我喜欢的那盆植物没有过完冬天就走完了自己短暂的一生。我在春天来临的时刻写下这篇怀念的文字，我想起电影里那个纵使身处枪林弹雨之中仍然不忘手中植物的那个杀手，当花盆落地破碎，植物的根须接触到暴烈阳光的那一刻，杀手的生命也走到了尽头。我不知道什么时候会再拥有一盆看上去渺小而又脆弱的植物。事实上她已经在我心里生长出葱茏的树阴，让我感受到一种强大的力量，这种力量对植物而言是对环境的态度，对人而言其实就是对生活的态度。我不能说热爱一盆植物就等于热爱生活。但如果你连一盆植物也不喜欢的话，也许你可能真的不知道自己的内心究竟需要些什么。（韩浩月）

爱的主题 1

绿色的心

如果说生命只是一个不能重复的花季，那搏动的心便是一朵永不凋零的花。

早春二月，乍暖还寒的时候，鹅黄隐约，新绿悄绽，昭示着生命的勃勃生机，那是旭日般的青春；阳春三月，杏花春雨时节，桃红柳绿，柔风拂雨，飘扬着自然的伟力，那是如火的中午；晚春四月，芳菲渐尽之际，远山幽径，柳暗花明，辉煌着黄昏的执着，这是晚晴的暮年……

夏、秋、冬只属于肉体，心灵之树是常青的。

"不行春风，难得春雨"，生命之绿需要的是德行的沐浴、坚韧的浇灌、挚爱的孕育！

心的本色该是如此。成，如朗月照花，深潭微澜，不论顺逆、不论成败的超然，是所扬鞭策马、登高临远的驿站；败，仍清水穿石，汇流入海，有穷且益坚、不坠青云的傲岸，有"将相本无种，男儿当自强"的倔强。荣，江山依旧，风采犹然，恰沧海巫山，熟视岁月如流，浮华万千，不屑过眼烟云；辱，胯下韩信，雪底苍松，宛若羽化之仙，短暂退一步，海阔天空，不肯因噎废食……

德是高的，心是诚的，爱是纯的，心便会永远是绿色的。

季节的斑斓和诱人，来自自然的造化；芸芸众生的春景，源自于创造。诗人有云：没有比行动更美好的语言，没有比足音更遥远的路途……一生的春色需要一生的装点。

拥有绿色的心，便会拥有一切。（赵咏鸿）

在最浪漫的时刻

● 送追求浪漫的他
可以送寓意"天长地久"之类的盆栽植物或种子。

● 送崇尚自然的他
可送一些观赏类盆栽植物或种子。

● 送热爱时尚的他
就选一些转基因的种子，这类植物长成后的样子、颜色特别。

● 送星座恰巧是金牛座的他
送他一盆观叶植物，是最适合的，也是最有创意的，比如绿萝、散尾葵等，你们的爱情必将和花树一样枝繁叶茂。

爱的主题 2

好女人是一株植物

好女如草 喜欢一种草，叫绛珠草。《红楼梦》里说："只因西方灵河岸上三生石畔，有绛珠草一株……受天地精华，复得雨露滋养，遂得脱却草胎木质，得换人形……"黛玉就是绛珠草转世前来还泪的。其实，我总觉得每个女人的前世都该有一段美丽的因缘，都似那株曾受过恩泽的绛珠草。

女人多愁善感，女人情深意长，注定了将会流干一生的眼泪，只为前世许下的那段缘，于是在今生以泪相酬。

喜欢如绛珠草般的女子，有颗多愁善感真挚的心。

好女如藤 藤，一直是自己喜欢的一种植物，柔韧而情长，缠绵而执着。

藤，也是一种最具生命力的植物，像极了女人，对爱也好，对生活也好，女人总是充满着最旺盛的激情，外表的柔弱不掩其坚韧的内在。

喜欢如绿藤般的女子，有颗坚韧执着永不言败的心。

好女如花 花中极品当属莲花，佛教里说莲有四性：香，净，柔，可爱。

总觉得每个女人都该是一朵清莲，静悄悄地绽放着，等着今生那个懂她的人经过。如果等不到，又有何妨？默默地开悄悄地谢，也不失为一种美丽。谁说一定要为悦己者而存在，也可以为自己而重生。

喜欢如清莲般的女子，有颗温婉清纯的心。

好女如树 在人间四月天里，我看到一句话，喜欢极了，"当女人成了母亲，花便成了树"，女人如树，终会开枝散叶，用博大宽厚的胸怀养育着自己的儿女，这世界最伟大的一种爱就叫母爱，是女人最美丽最动人的光环。

喜欢如大树般的女子，有颗宽容仁慈的心。

好女如竹 最喜欢一种植物，叫竹，淡淡的，有些漠然，有些清高，有些孤傲，只愿袭一身青衫，月下轻舞，婆娑摇曳。不要什么灯红酒绿，燕语莺歌，觥筹交错，只愿独处灯火阑珊处。

喜欢如竹般怡静的女子，有颗漠然红尘的心。

女人，这样的一种植物，带着永恒的魅力。

如果真有来世，仍愿做一个女人，如碧草如绿藤如青莲如绿树如翠竹……

> 也可以把好女人比作一株植物，
> 送给他盆栽的植物，
> 事实上就是把自己捧给他……

留给情人的蓝雪花

女孩子送了一盆植物给男人,要他好好地照顾它。
万一他让它枯萎了,那就代表他已经不爱她了。
那盆植物叫蓝雪花。
花开的时候,颜色是淡蓝色的。
花很小,只有五片花瓣,叶很多。
把花盆吊在阳台上,花叶会向外延伸生长,变成一大片的蓝。
种花的难度若分为五级,种蓝雪花的难度就是第二级。
它非常容易照顾,但要多看它一眼,多关心它一下。
蓝雪花要放在阳光下面,夏天早晚浇水各一次,
若有一天忘了浇水,盆栽的重量会忽然变得很轻。
冬天的话,就要四至五天浇水一次。
夏天开花的时候,还要施肥。
起初的时候,男人很用心地去照顾这盆小小的植物。
若有一天没有阳光,他就担心得要死,害怕那盆花会枯萎。
听到人家说植物多听音乐会生长得漂亮一点,他就让它听音乐。
那个夏天,花开得很漂亮。
到了冬天,他开始疏忽那盆花。
心情好的时候,他为它浇水。
心情不好的时候,他就忘了。
终于有一天,那盆蓝雪花干枯了,忧郁地吊在阳台上。
女孩子知道,男人已经没有以前那么爱她了。
这一盆留给情人的蓝雪花,见证了一段爱情的生与灭。
从风情万种到花叶凋零。
总是如此的吧?

你可以告诉他——

"活在这珍贵的人间,
泥土高溅,扑打面颊。
活在这珍贵的人间,
人类和植物一样幸福,
爱情和雨水一样丰富。"

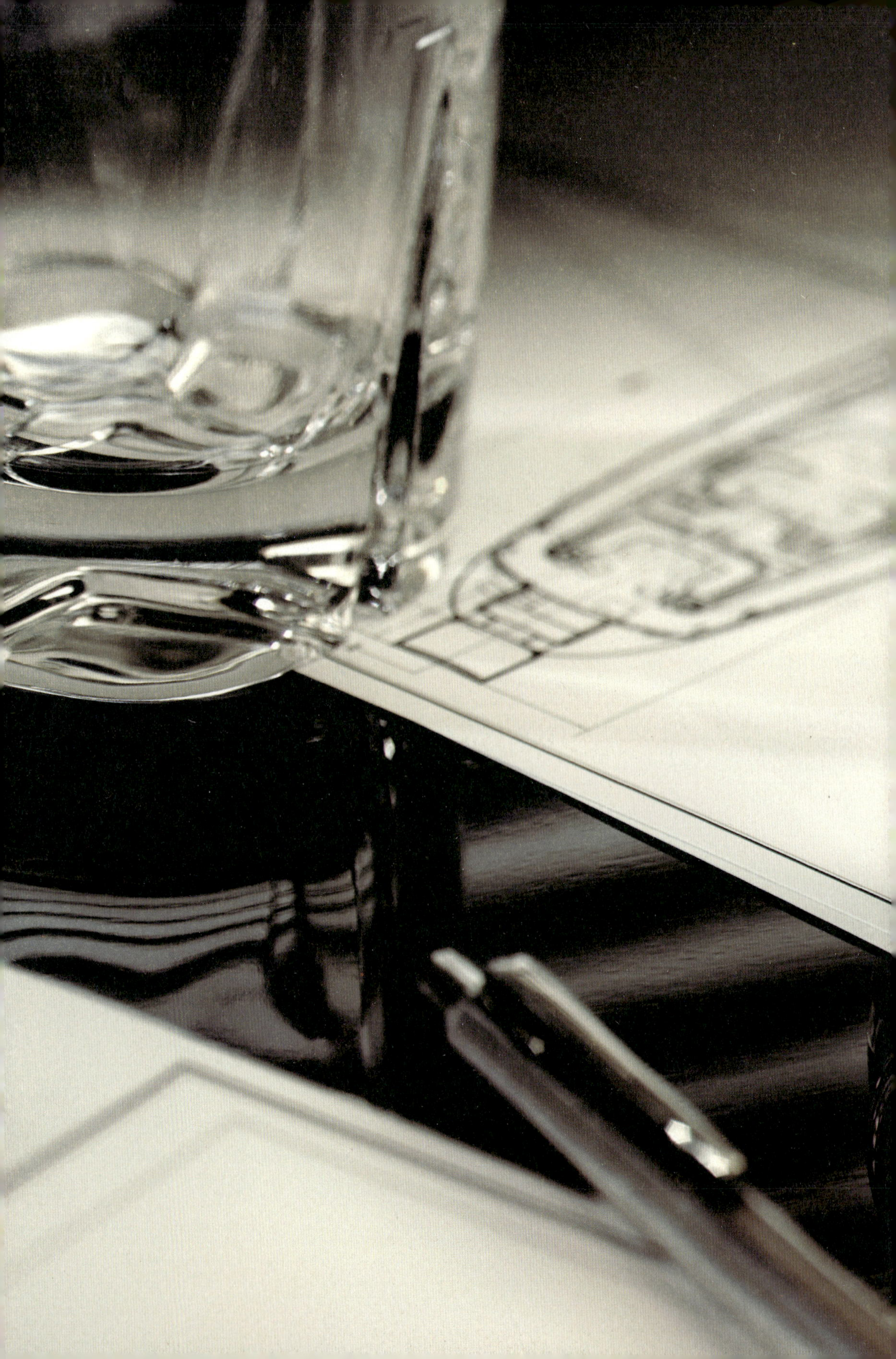

典雅手表
今生与你共度

Special Report #2 手表

Watch

手表，可以说是男人唯一的首饰，是男人的珠宝

手表不只是个计时工具，它还是时尚和声望的象征。
它应该被认为是一项重要的投资，它是男人无形中的代言人。
讲求工作效率的男人腕上不可无表，这是男人品位与身份的象征，
也是男人为数不多的可以用来奢侈的机会之一。

好男人是一块好手表

最高贵的手表永远设计简单，走时精确，几十年如一日，
就像是女人心爱的男人，永远都不会让爱自己的人失望地等待。

手表是标准的计时工具，

它让人联想到时间——这个构成生命的材料

我们可以用时间交换自己想得到的，
因为时间存在于丰富的日常生活中：
只要我们在行走，时间就会行走。
我们和时间是一对伴侣，相依相偎着。

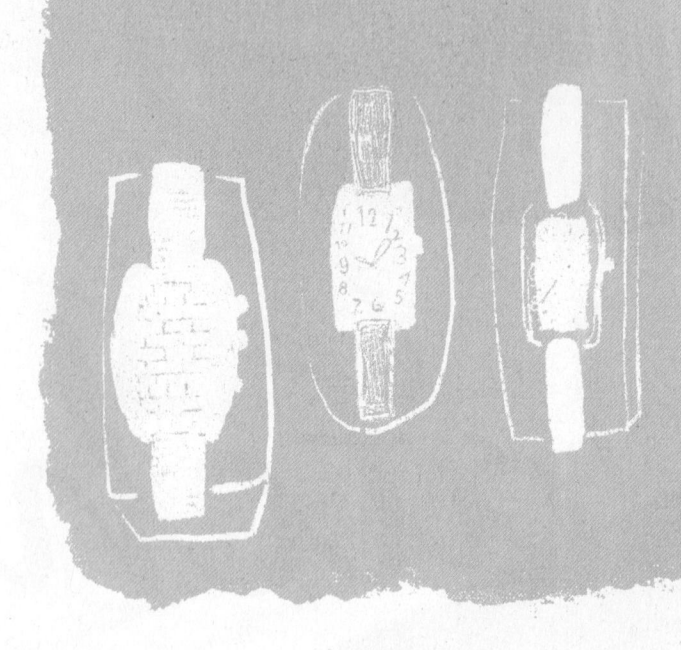

His Diary
以最特别的理由

时间！这个词意味着什么？
我们诞生，我们活着，我们死去，
并且认为这一切都是按时发生的，
仿佛时间是某种巨大、崇高、宽广和深邃的东西；
仿佛它是一个无边无际的天体，
包容着一切发光的世界，包含着生命和死亡，
而这个地球像是蓝色的大海，
无数的鱼在其中相聚相依，同泳同游。
我们把已经做过的一切叫作过去；
把正在做的一切叫作现在；
而把我们将要或试图做的一切称之为未来。
而所有这一切都在我们身内，不在我们身外。
过去了的存储在我们的记忆中，
现在正吸引着我们的注意力，
而将要来的则包容在我们的希望和期待之中。

（伍里采维奇）

爱的主题 1

时 间

人生的全部学问就在于和时间打交道。

有时一刻值千金，有时几天、几个月、几年乃至几十年，不值一分钱。

年轻力盛的时候，一天可以干很多事；在世上活得时间越长，就越抓不住时间。

你感到时间过得越来越快，而工作效率却慢下来了，说明你生命的机器已经衰老，经常打空转。

你度日如年，受到时间的煎熬，说明你的生活已经出了问题，正在浪费生命。

你感到自己的工作效率和时间的运转成正比，紧张而有充实感，说明你的生命正处于黄金时期。

忘记时间的人是快乐的，不论是忙得忘了时间，玩得忘了时间，还是幸福得忘了时间。

敢于追赶时间，是勤劳刻苦的人。

追上了时间，并且留下的精神生命和时间一样变成了永恒的存在，那是天才。

更多的人是享用过时间，也浪费过时间，最终被时间所征服。

凡是有生命的东西，和时间较量的结果最后都要失败。有的败得辉煌，有的败得悲壮，有的败得美丽，有的虽败犹荣，有的败得合理，有的败得凄惨，有的败得龌龊。

时间无尽无休，生命前赴后继。

无数优秀的生命占据了不同的时间，使时间有了价值，这便是人类的历史。

生命永远感到时间是不够用的。因此生命对时间的争夺是酷烈的，产生了许多骇人听闻的故事，如"头悬梁，锥刺股"、"以圆木为警枕"等。

时间是无偿赠送给生命的。获得了生命也就获得了时间，而且时间并不代表生命的价值。所以世间大多数生命并不采取和时间"竞争"、"赛跑"的态度，根据生存的需要，有张有弛，有紧有松。累得受不了了，想闲一会；拥有太多的时间无法打发，闲得难受，就想找点事情干，让自己紧张一下。

现代人的生存有大同小异的规律性。

忙的有多忙？闲的有多闲？忙的挤占了什么时间？闲人又哪来那么多时间清闲？

《人生宝鉴》公布了一个很有意思的调查材料——

假若一个人活了72岁，他这一生的时间是这样度过的：睡觉20年，吃饭6年，生病3年，工作14年，读书3年，体育锻炼看戏看电视看电影8年，饶舌4年，打电话1年，等人3年，旅行5年，打扮5年，这些都是平均数。正是通过这些平均数可以看到许多问题，想到许多问题。每个生命都是普通的，有些基本需求不能不维持。普通生命想度过不普通的一生，或者是清闲的一生，该在哪儿节省，该在哪儿下功夫，看了这个调查材料便会了然。

不要指望时间是公正的。时间对珍惜它的人和不珍惜它的人是不公正的，时间对自由人和监狱的犯人也无公正可言。时间的含金量，取决于生命的质量。

时间对年轻人和老年人也从来没有公正过。人对时间的感觉取决于生命的长度，生命的长度是分母，时间是分子。年纪越大，时间的值越小，如"白驹过隙"；年纪越小，时间的值就越大，如"来日方长"。

　　时间，你以为它有多宽厚，它就有多宽厚，无论你怎样糟蹋它，它都不会吭声，不会生气。

　　时间，你认为它有多狡诈，它就有多狡诈，把你变苍老的是它，让你在不知不觉中蹉跎一生，最终后悔不迭的还是它。

　　时间，你认为它有多忠诚，它就有多忠诚，它成全了你的雄心，你的意志。

　　有什么样的生命，就有什么样的时间。

　　一个人有什么样的时间观念，就会占有什么样的时间。

　　爱因斯坦创立相对论，证实时间与空间和物质是不可分割的，任何脱离空间的时间是不存在的，也是没有意义的。人如果能超光速旅行就会发生时间倒流，回到过去。

　　倘若有一天人类能征服时间了，生命真正成了时间的主人，世界将是什么样子呢？（蒋子龙）

时间无尽无休，生命前赴后继。
无数优秀的生命占据了不同的时间，使时间有了价值，
这便是人类的历史。

爱的主题2

生命的两万天该留点什么

时钟嘀嗒嘀嗒地走着,我知道那是我的生命在流淌。

不知从哪一天起,我们开始对自己的年龄敏感起来。20岁以前,总觉得还没有进入生活,但今天回过头来看,偏偏又觉得那时候的故事最多,记忆最饱和。日历一页页地翻,年龄无声息地长,偶尔翻翻旧照片,会惊异于那双满是稚气的大眼睛曾经属于我!忽然间,似乎意识到,许多东西在不经意间已经永远湮没在黑暗中了。在成长的同时,也失落了渴盼成长的心情。

我曾经好多次向朋友们问过同一个问题:"人一般能活多少天?凭你的感觉尽快报个数字出来。"

"10万天!"

"20万天!"

几乎每个人的声音都响亮而充满自信。然而,我却告诉他们,人的生命实际只有2万多天。起初,没有一个人相信我的话,说:"是不是少了一个零?"经过一番计算之后,朋友们深深地叹息了:"怎么?人生如此短暂!"

天黑下来了，我拧亮台灯。时钟嘀嗒嘀嗒地走着，我知道那是我的生命在流淌。我打开一本书，米兰·昆德拉正在说："我讨厌听我的心脏的跳动；它是一个无情的提示，提醒我生命的分分秒秒都被点着数。"可是我没法不听，正如我们没法拒绝2万多个日子一个个溜走；我的心脏没法不跳动，正如树叶在秋天里没法不飘落。心脏停止跳动，那便是我们的末日。我平静地想着：我们怎样才能在生命最后走进坟墓之前，没有遗憾？这个问题非常接近那段我们耳熟能详的经典语录："当我们回首往事的时候……"

夜深了，时钟依然嘀嗒嘀嗒地走着，我听到自己的心脏跳动的声音。我合上眼睛，看到了这样一幅幅图景：鲁迅在夜里一边咳嗽，一边写文章，灯光昏黄，"爱夜的人于是领受了夜所给予的光明"；弗兰兹·卡夫卡彻夜写完自传体小说《判决》，完成了与自己灵魂的对话，"我的心脏周围隐隐作痛"；马塞尔·普鲁斯特从35岁到死，生活在暗室中，门窗紧闭，房间里点着蜡烛，《追忆似水年华》成为他唯一的安慰；张承志做着"静夜功课"，午夜时分，他点燃一支烟，纪念夜与黎明相连的瞬间……

我怀着美感想他们，并不意味着我们的青春必须苦难重重。我不希望青春被某一种方式囚禁，它应该是绚烂的，完全放开的；我不希望20多年的岁月永远背着沉重的十字架，有人背它只是为了别人可以不背它。

我想说的只是：哪怕我们的世界变得越来越狭小，越来越平庸，也别让我们精神的花朵在春天枯萎；哪怕我们四面楚歌，也别忘记保持自己尊贵而骄傲的呼吸。（吴志翔）

时间是人能消费的最有价值的东西。

今天，由你选择

今天，你可以牢骚满腹，因为天空阴雨绵绵；
你也可以感谢上天，因为花草树木得到了浇灌。
今天，你可以感觉悲哀，因为你囊中羞涩；
你也可以感到快乐，因为拮据促使你开动脑筋，计划消费。
今天，你可以抱怨身体不好；你也可以庆幸自己仍然活着。
今天，你可以埋怨父母没有给你显赫的地位、巨额的财产；
你也可以感激他们给了你生命。
今天，你可以哭泣流泪，因为玫瑰花下面的茎上都长着刺；
你也可以欢欣雀跃，因为刺的上面开着玫瑰花。
今天，你可以怜悯自己，因为你没有众多的朋友；
你也可以振奋精神，去努力寻找新的朋友。
今天，你可以叫苦连天，因为你还要上班；
你也可以兴高采烈，因为你还有工作。
今天，你可以苦闷地抱怨，因为你必须做家务；
你也可以感到满足，因为你还有个安身之处。
今天，所发生的事取决于你，你应该选择如何来度过。

接受自己的年龄

总要活到有些年纪,人才会了解,
其实什么事也不必赶着去做。
真正没有遗憾的人生,是在每一个年龄,
就做那一个年龄该做的事,不着急与不落后。
到年纪渐长,回头看看,不曾遗漏什么快乐,也就没有什么可以追悔。
我们年轻时以为伟大的东西,
总有一天在追求到之后,会明白不过尔尔。
反倒是当时我们认为不值得一顾的小事情,
会回来日日夜夜啃噬我们的心。
18岁就应该去恋爱,学生就应该把书念完,
年轻就应该海阔天空去闯荡。
如果在当时做了该做的事,今天就不会留下惆怅。
岁月缓缓向前流去,我们总属于一个年龄,
20、30、40、50,
每一个年龄都有它该做的事,过去尽管不再回来,
但今天还没有变成过去,今天我们该做些什么呢?
不可以再犯同样的错误,一心追求看起来伟大的东西,
倒是心里的小愿望,不能轻易让它溜走,要悄悄去实现。
接受自己的年龄,也接受这个年龄的愚昧、限制和快乐,
这才是最理想的生活,
总有一天,时间会让我们明白这个道理。

你可以告诉他——

"今天，所发生的事取决于你，
　你应该选择如何来度过。"

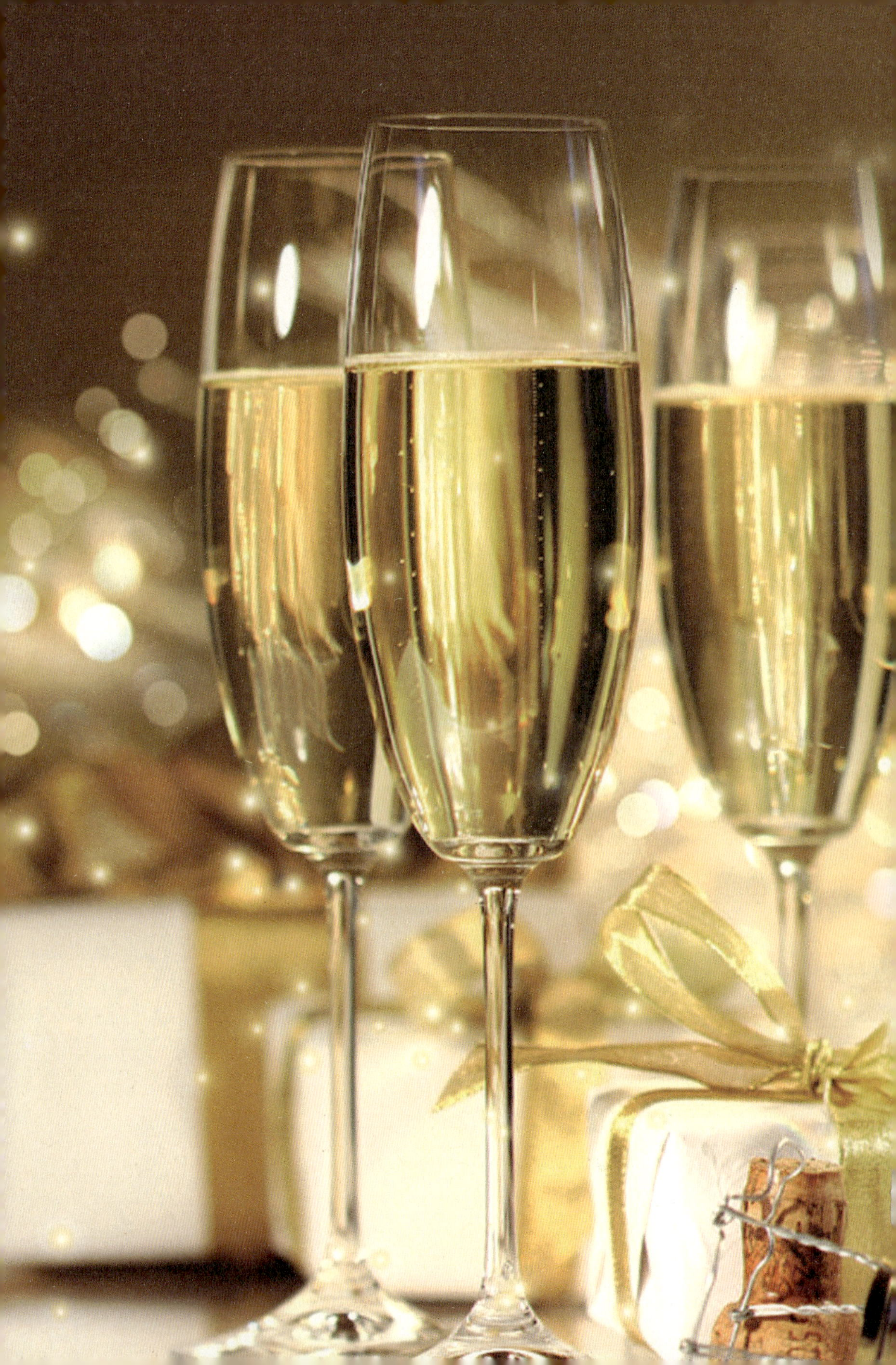

香醇美酒
告诉他男人如酒，愈陈愈香

Wine Special Present #3 酒

男人开心的时候喜欢喝酒，

尤其喜欢和自己最亲近的朋友一起喝酒

酒可以让男人的兴奋达到极致，酒也能让男人的兴奋保持得更长久。

男人不开心的时候喜欢喝酒。

在某种意义上，喝酒成了男人排遣郁闷和忧愁最简捷的方式。

男人爱喝酒，男人爱女人。

男人不可贪杯，更不可贪色，

聪明、理性、成熟的男人绝不会让酒和色同时成为自己的嗜好。

女人如酒，浅尝小酌可以怡情，狂饮滥啜则能乱心。

好男人不会同一个喝酒不爽快的男人交朋友，

好女人也不会爱上一个为喝酒而推三阻四的男人

酒最容易见证一个男人的品性，

男人最豪情万丈的时候往往是在喝酒，

男人最能表现出性格质感的时候也常常是在喝酒。

His Diary

以最特别的理由

酒几乎是男人的专利,更是英雄豪迈的象征。
如果说女人骨子里是水做的话,
那么男人骨子里就是酒做的。
如果把男人的激情化作燃烧的烈火,
那么,酒就是点燃烈火的火星。
好酒浓郁芬芳,如男人成熟的血性;
酒亦如男人秉性,天生有聪慧的灵魂。
酒又渗透着酒精的浓烈、烧灼和芳香,
澄净缓慢,却又渐如波涛汹涌,生出后劲无穷。

爱的主题1

男人自带有酒的灵魂

男人是离不开酒的。那曹操、刘备笑论英雄，若无煮酒，岂不太尴尬？那关公斩华雄，若无温酒，岂非毫无眷恋？那李白斗酒诗百篇，风生水起的如珠妙语，也洋溢着酒味吧？"白日放歌须纵酒，青春作伴好还乡"，那杜甫的家乡也有美酒佳肴相候吧！

男人该是爱酒的。爱酒，才配做男人。若无酒，怕的是武二郎成不了流传千古的打虎英雄；古龙成就不了旷世奇绝的武侠名著。"夫酒之设，当合理致情，延体归性；可至酒，勿致迷乱。"这诸葛亮也是爱酒的吧？

男人未必都好酒，但男人确实如酒。酒是男人奔腾的血液，饮一杯男人之酒，百年壮志亦可酬。浊酒一壶，人生足矣。

酒在地窖里沉淀经年的醇芳；男人在世事中磨炼成熟的血性。

酒倒在杯子里铿锵有声；男人行走在世上爽利沉静。

与酒相谈亲切爽朗，可以披肝沥胆起豪情；品咂一杯，余味绕舌，后劲十足，辛辣亢奋发于肠，傲然意气从头生。

所以自古以来很多男人都离不开酒。"何以解忧？唯有杜康。""白日放歌须纵酒，青春作伴好还乡。"痛苦与快乐，都可以对酒倾诉，与酒分享。

酒，对男人似乎比什么都重要，所以有"会须一饮三百杯"。就连"五花马，千金裘"，都要"呼儿将出换美酒"；"数千年往事涌上心头"，也要借"把酒临风"来"叹滚滚英雄谁在"……国事家事，杯酒能盛。

而人生际遇，一樽何解？所以知已相逢，千杯嫌少。即使多情男儿，华发早生，也要"一樽还酹江月"，更哪堪"酒入愁肠，化作相思泪"？有酒在，老夫便发少年狂。

酒天生有着男人的秉性，男人自带有酒的灵魂。

酒，透明清亮，却又渗透着酒精的浓烈、烧灼和芳香，澄净缓慢，却又渐如波涛汹涌，生出后劲无穷。

男人，何尝不是？

女人中，也有饮酒的高手。然而，最懂得酒的是男人，最能体味男人的，不是女人，是酒。因为——男人如酒！（佚　名）

> 很难想象，在男人的世界里，
> 如果没有了酒、烟、女人，男人还如何称其为男人。
> 在现代社会里，与酒一起陪伴男人的，
> 还有足球、股票、汽车……
> 酒已经成为男人与生俱来的性情之物。
> 男人喝酒不需要理由！

爱的主题 2

酒是男人的饮品

酒之于男人，一如化妆品之于女人，但凡有男人的地方，酒是一定不能少的。男人爱酒，是因为酒能助兴，酒精刺激男人的神经与血脉，往往使男人变得雄赳赳、气昂昂，更有"男人味"，此时，"男人即酒，酒即男人"，因而有"男人如酒"一说。

酒有烈酒、药酒之分，前者因为酒精浓度高，所以性烈、辣口、伤身，难以下咽，饮者往往只能浅尝辄止；后者为上等米酒，又浸以药材，所以性柔、味淡、活血，饮者可以大口品尝，或者小饮几盅，以达舒筋活血之目的。

性子暴躁、作风粗野、不解风情的男人，如烈酒，在外对别人不敬，回家对妻子不好，除了那股火暴劲儿之外，毫无内涵，因此，此种男人乃男人中之"劣等品"；成熟稳重、学识渊博、善解人意的男人，如药酒，举手投足，不温不火，却处处体现出男人隐藏的魅力与味道。成功时他知足常乐，失败后他毫不气馁。热爱生活，热爱他人，因此，此种男人乃男人中之"极品"。

酒有白酒、红酒之别，前者无色透明，一眼见底，包装简易朴实，因而颇受大多数男人的喜爱。他们或三五一群或七八一伙，于灯光灿烂的大厅围成一桌，你来我往，觥筹交错，气氛热烈，畅快淋漓。后者玫瑰之色，香气扑鼻，包装精美大方，因而颇受小资男人的欢迎。他们或独自一人或约上女友，于酒吧五彩灯下，就着柔缓的轻音乐细斟慢饮，情调实足。

不浪漫的男人或者生活负担太重的男人，如白酒，生活但求"三餐温饱"，无意风花雪月，这样的男人要么能挣钱，要么能持家，将生活打理得有条不紊，却缺少情趣，因而婚姻生活多实质而少浪漫；浪漫而又内涵丰富的男人，如红酒，香气四溢，风流倜傥，微微醉人，生活需要情趣与格调，这样的男人注重仪表与内在的统一，讲究生活质量，善于为枯燥的生活制造浪漫与情调，几乎每隔一段时间，就能给恋人或者太太一个惊喜。

当然，酒还有茅台、五粮液等之分，男人便也还有诸多"品种"与"款式"。好男人如美酒，品味纯正，清凉爽口；坏男人如假酒，具备美酒的样貌，喝下去却极其伤身。身处"男人"的世界之中，成熟稳重的女子，必定会快乐地欣赏，细心地挑选，耐心地品味……

不是吗？你看，"酒不醉人人自醉"，几盅下来，男人醉了：海侃了，胡吹了，炫耀了，男人醉在自己取得的成就里，醉在自己编织的春梦中了；谩骂了，抽泣了，打架了，男人借酒消愁愁更愁，醉在冷酷的现实里，醉在失意的生活中了。男人如酒，意境分明，"众人皆醉我独醒，众人皆醒我独醉"，无论得意失意，无论才子村夫，如梁山英雄般豪饮，饮后即醉，醉过即醒，是为"入世"；仿佛刘伶，运一车酒远行，让车夫随行，不管"世上糊涂事"，但求"死后就地埋"，是为"出世"。

只是，自古以来，无论"入世"还是"出世"，男人终归还是男人，烈酒也好，药酒也罢，不以"天下"为己任，就要担负起"家庭"的责任，担子压弯了腰，也要像个"男人"一样活着。（佚　名）

男人，你喝什么酒

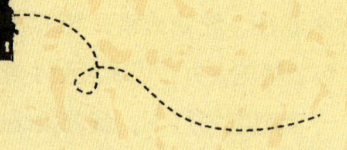

啤酒

选择啤酒的男人，与任何人都谈得来，具有服务精神，爱取悦他人，也容易获得别人的好感。

鸡尾酒

选择鸡尾酒的男人，大多属于善于玩乐的新新人类，很重视气氛。但如果是对于鸡尾酒不太重视口味而看重名字的男人，就属于比较怀旧、易伤感、性格比较脆弱的人，这种人比较敏感，容易被环境所左右，是个没有主见和缺少照顾别人能力的男人。

白酒

选择白酒（烧酒）的男人，无论是工作还是玩乐都积极参与，具有活力，性情率直，是个藏不住秘密的男人，也因此而交际广泛，但缺乏耐心和细心。

红葡萄酒

选择红葡萄酒的男人，大多属于干劲儿十足的人，想做就做，是个现实主义者，凡事都会着眼于现在，对金钱和权力非常执着，相对而言，是个不浪漫但很稳健、很实际的男人。

白葡萄酒

选择白葡萄酒的男人，是一个拼命追求梦想和理想的人，只是常常忽略小节，因此而丧失一些机会，对于女性而言会是个好伴侣。

粉红葡萄酒

选择粉红葡萄酒的男人,一定是个"情圣",非常懂得如何利用鲜花、甜言蜜语和礼物去讨好女性。

威士忌加水

选择威士忌加水的男人,属重视与别人交往的交际型男人,在聚会时善于制造气氛和培养融洽的关系,是个应酬的好手。在工作上具有敬业精神,很容易博得他人的好感。

威士忌加冰

选择威士忌加冰的男人,是真正喜欢喝酒的人,同时是个实用主义者,凡事都以实用为本;性格开朗,不会装腔作势,与人交往时好恶分明,即使对方是女性也不会因此而有所收敛。这种男人大方、慷慨,但他们的世界黑白分明,容易得罪人。

香槟酒

选择香槟酒的男人,性格比较挑剔,是个不甘于平凡的人,喜欢追求华丽、高贵,对异性的要求也很高,即便是作为普通朋友,跟他们相处也要具备相当的条件,比如个人品位要不落俗套,对事物有独到的见解等。

不喝酒

选择不喝酒的男人(酒精过敏除外),是随时要让自己清醒的人,害怕酒后吐真言。这种男人比较顽固,不愿听从他人的意见,也不会随便表露自己的真实感受。

可作为礼物的酒品

　　葡萄酒　葡萄酒的生命周期大致可划分为：浅龄期——适饮期——成熟期——高峰期——退化期。一瓶葡萄酒的品质，不但要看它的产地，还要看产酒的年代。酒标上醒目地标出的年份，不是葡萄酒的酿造年份，而是指葡萄的收成年份。品尝葡萄酒的过程其实就像一个男人认识一个女人的过程一样，一位葡萄酒鉴赏家的体会是，喝葡萄酒的最高境界应该不超过四杯——

　　第一杯，今晚真的很浪漫，初识佳人，并且一见钟情；

　　第二杯，回味无穷，这个女人真有魅力；

　　第三杯，激情正浓；

　　第四杯，她就是我寻觅多年的那个人啊，主意已定，绝不犹豫；

　　第五杯，最好不要喝了，给大脑留一点清醒吧，再喝人就醉了，心也醉了……

　　香槟　人们对香槟酒热度不减的原因之一是它让人感到幸福、愉悦，原因之二是香槟酒有极高的营养价值和医疗价值。在近200年的研究中，人们发现居然有近600种化合物存在于香槟中，虽然有的含量微乎其微，但是这些物质混合在一起的相互作用，使香槟具有独特的治病功效。所以法国人把"适量饮用香槟酒"比作"塑造人类的第二生命"。

　　茅台酒　中国传统的白酒，属于纯粹的中国男人。在强烈的男性气息下，中国的白酒蕴藏着细腻的余味。在中国考究的制酒工业程序下，只要是出厂的，便是合格的。中国白酒，你先要欣赏它，再去感受它，然后去品味它。只要坚持到最后，留下的，绝不再是令你难以忍受的辛辣，而是让你留恋的甘醇，它的温存丝丝滑入你的心中。爱上中国男人恰似爱上中国白酒，会上瘾的。

你可以告诉他——

"无论是传说中还是现实世界,
男人的血液里都流淌着浓烈的酒味。
男人爱酒,总是在畅饮间"煮酒论英雄";
男人如酒,让女人喝一口醉几分……"

Special Present #4 灯
Lamp

温馨家用灯
恰似我每一夜温柔的陪伴

灯是夜里一首温柔的歌

幸福的男人应该知道，永远有个家，
有盏灯，有个点灯的人，在为他而守候。
当你们在一起的时候，让灯光照亮你们的房子；
当你不在他身边的时候，就由你的灯来陪他。

男人爱灯、爱光，因为一点点明亮的光都可以渗透黑暗

男人爱女人，喜欢凝视女人的眼睛，因为眼睛就是她的心灵之灯。
灯里发出的热力，正如同相爱的人眼睛里藏着的爱情。

每一盏灯都在延长着太阳的轨迹，
每一分光照都在转化着太阳的能量

烧却自身，亮就他人，正是灯的本质特征。
它虽然陪同人类造访过月球背面，探查过大海深处，却从不炫耀自己。
它的沉默不语，比太阳更加给人以无限遐想，
尤其在人们心中也有一盏灯的时候。

His Diary
以最特别的理由

祝福我的灯!
它那传情的眼神多么温柔,多么甜美。
它在我屋子中间燃着,
淡淡的光线不足以使我胸前的泪珠闪烁……
我随着心中的幻想改变火苗的光亮。
我祷告时,觉得它放出蓝光,我的房间便成了幽深的峡谷;
我悲哀的时候,它散发出紫光,让周围的事物同我一起忧伤。
它比我偎依过的胸口更了解我的生活,
多少夜晚,它勾起了我的愁思,
我内心的创伤,现在不再烧灼,只有一些持续的隐痛……
外面看不清屋里,路过的敌人以为只有我一个人,
我要给所有的物品,小至这盏灯,
一种难以察觉的光明,不让剥夺幸福的人侵占。
它的一圈光晕绰绰有余,
足以照亮我母亲的脸和我打开的书,
我只要求这盏灯所照亮的东西,其余的都可以拿去!
我祈求上帝,让悲伤的人今晚都有一盏柔和的灯,
缓和他们泪水的闪光。
(米斯特拉尔)

灯是人间的第二个月亮

  我家的对面,有一幢漂亮的大厦,大厦的顶楼,住着一男一女,每天晚上七点多钟便准时回家。回家之后,他们会把落地玻璃窗前面的纱帘放下,然后亮起家里所有的灯。他们的灯特别多,有垂吊的、放在桌上的、沙发旁边的、墙脚的、地上的。灯影透过纱帘落在凡间。

  我常常站在窗前,看他们的灯。在我视线所及之处,我看到的是一室的温柔,男人与女人,在灯下依偎。每一晚,我也希望他们别忘记开灯,用他们的灯来点燃漆黑的夜空。在最接近天空之处,灯与月辉映,灯是人间的第二个月亮。

  后来有一天,这一男一女搬走了。新来的主人,并没有带来很多的灯。我窗外的夜空,从此寂寥。

  灯在最冷的地方制造温暖,在幽暗的角落赐予光明。灯是书,装饰家里每一处。漂亮的灯,永不嫌多。我喜欢在家里放很多的灯,不同的心情,便开不同的灯。

  大门外面的灯,是等我回家的灯。沙发旁的落地灯,是寂寞的时候开的。阳台上的灯,是为夜空而开的。床边的灯,是用来回忆的。

手头上有钱的时候,我会买灯。我喜欢落地灯。别以为住的地方狭小就不能买落地灯,光线能创造空间,使狭窄的地方变得宽敞。

想不到送什么特别的礼物给你喜欢的男人,我会提示你送他一盏床边灯。一盏灯,只要换个灯泡,就可以用一辈子。

送他一盏小灯,是要每夜照亮他的床边。当他在夜里醒来,不会迷失于黑暗。

送他一盏灯,因为他是你生命里的光源。自从有了他,你看到了世界最美好的一面。

送他一盏灯,因为你想念他。灯是永远的回忆,甚至可以是遗产。

灯是夜里一首温柔的歌,你不在他身边的时候,由你的灯来陪他。

有一天,他不爱你了。那么,分手的时候,你要送他一盏漂亮的灯,要他答应,好好照顾这一盏灯。从此以后,虽然睡在他身边的是另一个女人,在他床边的,却是你买的灯。当他在午夜里醒来,孤灯下,他可会想起你?可会怀念你?

听说,收到灯的人是幸福的。

如果有伤感,也是因为一盏灯在夜里唤起所有的回忆。 (张小娴)

> 灯在最冷的地方制造温暖,
> 在幽暗的角落赐予光明。
> 灯是书,装饰家里每一处。
> 漂亮的灯,永不嫌多。

男人踏上成功之路的四盏灯

方向之灯
如果你不知道自己的方向,你就会谨小慎微,裹足不前。
制订目标,使意志朝某个方向努力地高度集中。

交往之灯
结交比你更懂行的人。
无论你的目标是什么,都要计划跟那些比你更懂的人发展关系,
把他们作为你努力的榜样,不断调整、改进自己的工作。

梦想之灯
成功者不过是爬起来比倒下去多一次,
成功者与失败者之间最大的区别,
通常在于毅力,许多天资聪颖者就因为放弃了,以至于功亏一篑。
然而,成就辉煌的人绝对不会轻言放弃。

进取之灯
回顾并更新你的目标。
不时重新看看你的目标表,如果你认定某个目标应该调整,
或用更好的目标取而代之,就要及时修改。
当你达到了自己的目标,或是向它迈近了一步时,
不妨庆祝一下,来纪念那一特殊的时刻,重燃理想之火。

你可以告诉他——

"无论这个世界如何变化,
我总会在这里,点一盏心灯,
等你……"

合意鞋履
　　爱就是和你一起走

Special Present #5 鞋子
Shoes

人越尊贵，穿的鞋就越华丽、越有个性

品味男人要从鞋开始，
每个男人都有不同于别人的风格、特点、习惯，
从他的鞋子和穿鞋习惯上就可以准确地区分。

千里之行始于足下

男人需要爱他的女人为他准备一双好鞋，并一起走过人生的风雨。

男人如鞋，鞋子亦如男人给予女人的爱情

一双鞋要承受一个女人全身的重量；
一个男人要承担一个女人一生的幸福。
一个好男人可以像一双好鞋一样，给女人无微不至的温暖和包容。

婚姻与鞋子的相似之处

一双好的鞋子，穿着适脚，可以走更远的路，减少旅途中跋涉的艰辛。
婚姻亦然，合适的婚姻是生活幸福、人生美满的保障。
不论什么样的鞋子，最重要的是合适；
不论什么样的姻缘，最美妙的是和谐。

His Diary
以最特别的理由

我不去想是否能够成功,
既然选择了远方,
便只顾风雨兼程。
我不去想能否赢得爱情,
既然钟情于玫瑰,
就勇敢地吐露真诚。
我不去想身后会不会袭来寒风冷雨,
既然目标是地平线,
留给世界的只能是背影。
我不去想未来是平坦还是泥泞,
只要热爱生命,
一切都在意料之中。

(汪国真)

爱的故事

鞋带开了

　　其实爱就是和你一起走，走很远的路还没有疲倦。比如汽车，比如火车，比如放在脚下的行李箱，比如面包，比如矿泉水，比如一只剖开的橘子，比如你在黑夜的站台上蹲下身给我系上鞋带。这一些琐碎的事物，像家乡的草堆一样，堆积起我们的爱情。

　　我不记得这一生中第一次鞋带开了的时候，我是否站在村庄的小巷里，不知所措。篱笆上爬满了紫红色的扁豆和它们青青的叶子，我的鞋带像一小段藤蔓，垂在潮湿的土地上，不知要爬到哪里去。我妈妈在推磨，或舂米。很多人从我的身旁经过，没有人注意到我的鞋带开了。那时候，你应该在离我十几里外的另一个村庄，如果你在我身旁，是否会蹲下身为我系上鞋带？你应该穿着一件白棉布染制的蓝花褂，你头上的羊角辫那么高高地翘着，一定会让我很生气。很多人从我的身旁经过，那时候我还不知道你也在这个世上。傍晚的天色里，我妈妈找到了我，为我系上鞋带领我回家。我回头望了望，我懵懂的眼神里，除了懵懂，还有迷茫。

　　其实我不知道我要走的路，我的鞋带开了。这个世界对于我来说过于庞大，一生的时间也过于漫长。走在街上的时候，我要躲避所有的车辆和行人，以及海鲜店门前的宠物狗。我要躲避的事物太多了，我不知道是否有一种鱼，一生都想躲开水，是否有一种树，一生都想躲开阳光。冬天的上午，我坐在一把宽敞的椅子上，被阳光中的微尘包围，我的嘴角挂着一抹含混不清的表情，我想，这时候你如果站在离我不远的地方看我，也许会转身离去。

　　大街上落满了枯黄的树叶，天气正在一点点冷下来，有时候阳光非常好，有时候天空很阴暗。季节流转，时间就像没有表情的水一样，而青春仿佛一块湿淋淋的毛巾，只轻轻一拧，就所剩无几了。我已经活了很多年，如果不出意外的话，我还会再活一些年。我知道，不论是过去、现在，还是将来，我都不会真正地拥有你。你在离我很远的地方生活着，比一生还远。我在离你很远的地方生活着，也比一生还远。有一天我们会各自面无表情地老去，这一生过得很平安，有时候阳光非常好，有时候天空很阴暗。曾经在一个落满枯叶的街边，你蹲下娇瘦的身子为我系上鞋带。

（石　西）

其实爱就是和你一起走，走很远的路还没有疲倦。

爱的主题 1

一个人应当有爱

  一个人应当有爱。因为爱是他内心燃烧的火焰，是照耀他生命白昼与黑夜的太阳，也是他走在人生路上最坚定和最恒久的力量。

  一个人应当有爱。因为有爱，他的生命才是绚丽的，他的面容清朗，微笑像一缕春日的阳光，他有如一块方糖，溶入到众人的生活之中，让所有的朋友分享甜蜜。

  一个人应当有爱。因为这样他才会幸福。他爱别人，爱一切亲人、师长、朋友、同学和同事，还有认识或不认识的人，而且他也从这些人那里得到爱，得到温暖、智慧和人生的方向。

  一个人应当有爱。因为有爱的人才可爱。他乐于帮助别人，他总是用自己的愉快感染周围的人，他给需要笑声的人带来开怀，驱走烦恼和忧愁。他走到哪里都受到欢迎，他是那么透明、那么坦诚，是爱给了他人格上的魅力和精彩。

  一个人应当有爱。他爱事业，爱荣誉，爱老人和孩子，爱自己的国家和民族，爱世界和人类，爱自然界里的一切生命。他从自己的爱里面享受着光荣和骄傲，享受着风和日丽，享受着美好与诗意。

一个人应当有爱。这种爱是博大的，是无所不在的，是辉煌的，同时也是一往无前的，这种爱源自悠远的历史，源自人类的知识、经验和睿智。他知道这个世界上的过去和现在，还有未来，他知道唯有爱才是人最丰厚和最庄严的奉献，是改变这个世界唯一的力量和信念。

　　一个人应当有爱。爱是什么？是歌声，是翅膀，是春天的暖风和冬天的瑞雪，是奔泻的大河和潺潺的溪水，是被弹拨的吉他，是被低吟的短诗，是腮边一滴感动的泪和热唇上的轻吻，是彩虹涂抹在画布上，是黄昏挥动在炊烟里，是无论如何也不会忘记的美好往事，是无法比喻的比喻，是无法描述的描述，是语言的地平线上出现的彩霞……

　　一个人应当有爱。他怎么可能没有爱呢？一个人没有爱，就像失去了生命一样。他只是行尸走肉，只是木头或只是机械。他会生活在麻木中，如果他有知觉，那他知觉到的就一定是无尽的痛苦和郁闷。生活成了苦酒，白天成了黑夜，人群成了沙漠。他还有什么可期待、可翘首、可梦想的呢？一个人没有爱，他就什么都没有了。

　　一个人应当有爱。有爱的人，才能好好地生活，才会珍惜生命，珍惜每一天，珍惜有鸽哨的天空和不需要翻译的笑容。有爱的人，才懂得创造，懂得艰辛，懂得劳动和收获。而且，有爱的人，会有好运相随。（何立伟）

> 一个人应当有爱。
> 有爱的人，才能好好地生活，才会珍惜生命，
> 珍惜每一天，珍惜有鸽哨的天空和不需要翻译的笑容。
> 有爱的人，才懂得创造，懂得艰辛，
> 懂得劳动和收获。而且，有爱的人，会有好运相随。

爱的主题 2

婚姻鞋

　　婚姻是一双鞋。先有了脚,然后才有了鞋,幼小的时候光着脚在地上走,感受沙的温热,草的润凉,那种无拘无束的洒脱与快乐,一生中会将我们从梦中反复唤醒。

　　走的路远了,便有了跋涉的痛苦。在炎热的沙漠被炙热得像驼鸟一样奔跑,在深陷的沼泽被水蛭蜇得肿痛……

　　人生是一条无涯的路,于是人们创造了鞋。

　　穿鞋是为了赶路,但路上的千难万险,有时尚不如鞋中的一粒沙石令人感到难言的苦痛。鞋,就成了文明人类祖祖辈辈流传的话题。

　　鞋可由各式各样的原料制成。最简陋的是一片新鲜的芭蕉叶,最昂贵的是仙女留给灰姑娘的那只水晶鞋。

　　不论什么鞋,最重要的是合脚;不论什么样的姻缘,最美妙的是和谐。

　　切莫只贪图鞋的华贵,而委屈了自己的脚。别人看到的是鞋,自己感受到的是脚。脚比鞋重要,这是一条真理,许许多多的人却常常忘记。

　　我做过许多年医生,常给年轻的女孩子包脚,锋利的鞋帮将她们的脚踝磨得鲜血淋淋。粘上雪白的纱布，套好光洁的丝袜，她们袅袅地走了。但我知道，当翩翩起舞之时，也许会有人冷不防地抽搐嘴角：那是因为她的鞋。

看到过祖母的鞋，没有看到过祖母的脚。她从不让我们看她的脚，好像那是一件秽物。脚驮着我们站立行走。脚是无辜的，脚是功臣。丑恶的是那鞋，那是一副刑具，一套铸造畸形残害天性的模型。

每当我看到包办而蒙昧的婚姻，就想到祖母的三寸金莲。

幼时我有一双美丽的红皮鞋，但鞋窝里潜伏着一只夹脚趾的虫。每当我不愿穿红皮鞋时，大人们总把手伸进去胡乱一探，然后说："多么好的鞋，快穿上吧！"为了不穿这双鞋，我进行了一个孩子所能爆发的最激烈的反抗。我始终不明白：一双鞋好不好，为什么不是穿鞋的人具有最后的决定权？别人不要说三道四，假如你没有经历过那种婚姻。

滑冰要穿冰鞋，雪地要着雪靴，下雨要有雨鞋，旅游要有旅游鞋。大千世界，有无数种可供我们挑选的鞋，脚却只有一双。朋友，你可要慎重！

……

看到那位赤着脚参加世界田径大赛的南非女子的风采，我报以会心一笑：没有鞋也一样能破世界纪录！脚会长，鞋却不变，于是鞋与脚，就成为一对永恒的矛盾。鞋与脚的力量，究竟谁的更大些？我想是脚。只见有磨穿了的鞋，没有磨薄了的脚。鞋要束缚脚的时候，脚趾就把鞋面挑开一个洞，到外面去凉快。

脚终有不长的时候，那就是我们开始成熟的年龄。认真地选择一种适合自己的鞋吧！一只脚是男人，一只脚是女人，鞋把他们联结为相似而又绝不相同的一双。从此，世人在人生的旅途上，看到的就不再是脚印，而是鞋印了。

削足适履是一种愚人的残酷，郑人买履是一种智者的迂腐；步履维艰时，鞋与脚要精诚团结；平步青云时切不要将鞋抛弃……

当然，脚比鞋贵重。当鞋确实伤害了脚，我们不妨赤脚赶路！　（毕淑敏）

男人的鞋

男人的鞋总是脏乎乎的，黄色的是泥土，灰色的是粉尘；

男人的鞋永远是臭熏熏的，湿漉漉的是汗气，黑乎乎的是脚泥。

男人的鞋不修边幅，鞋带的系法是最简便的交叉式，

不紧不松，穿上脱下，从不用手，两脚来回一蹭，倒床便呼呼大睡。

男人的鞋很少有高跟儿，即使谈恋爱时，

身高比姑娘矮一截，男人也不愿在鞋跟上打主意。

脚大江山稳，手大掌乾坤。

男人有男人的事，男人的事要求男人穿男人的鞋，平平坦坦，脚踏实地。

于是，男人的鞋总是那么豪放。男人的鞋总是那么沧桑。

男人的鞋，质地总比女人的耐磨，那是因为这世上属于男人的事太多。

男人的鞋有多薄，说明他走的路有多远。

男人的鞋有多破，说明他攀登的山有多高。

男人的鞋，第一个迎来朝霞。

男人的鞋，最后一个送走夕阳。

男人的鞋，出风入雨。男人的鞋，披星戴月。男人的鞋，踏平坎坷。

男人的鞋，来去都是歌。

男人的鞋是船，带着男人去求索；

男人的鞋是尺，丈量着地球的周长，男人的漂泊。

一双男人的鞋，是男人奔波的见证；

一双男人的鞋，是唱给远方亲人最深沉的歌；

一双男人的鞋，能读出多少男人的故事；

一双男人的鞋，是一段男人的生活。

把男人穿过的鞋摆在一起，就是一部男人的纪实小说。

你可以告诉他——

"我好想陪伴你,无论是高山峡谷,荆棘丛生;
无论有莫测的风,变幻的雨。
我好想与你同行,即使前方的路满是坎坷,
或者步入荒漠,或者走入绿荫。
我不会让你一个人去面对岁月的狂风暴雨!
与你同行,不离不弃……"

沁心暖茶
你是我生命中值得细品的那盏香茗

Special Present #6 茶

Tea

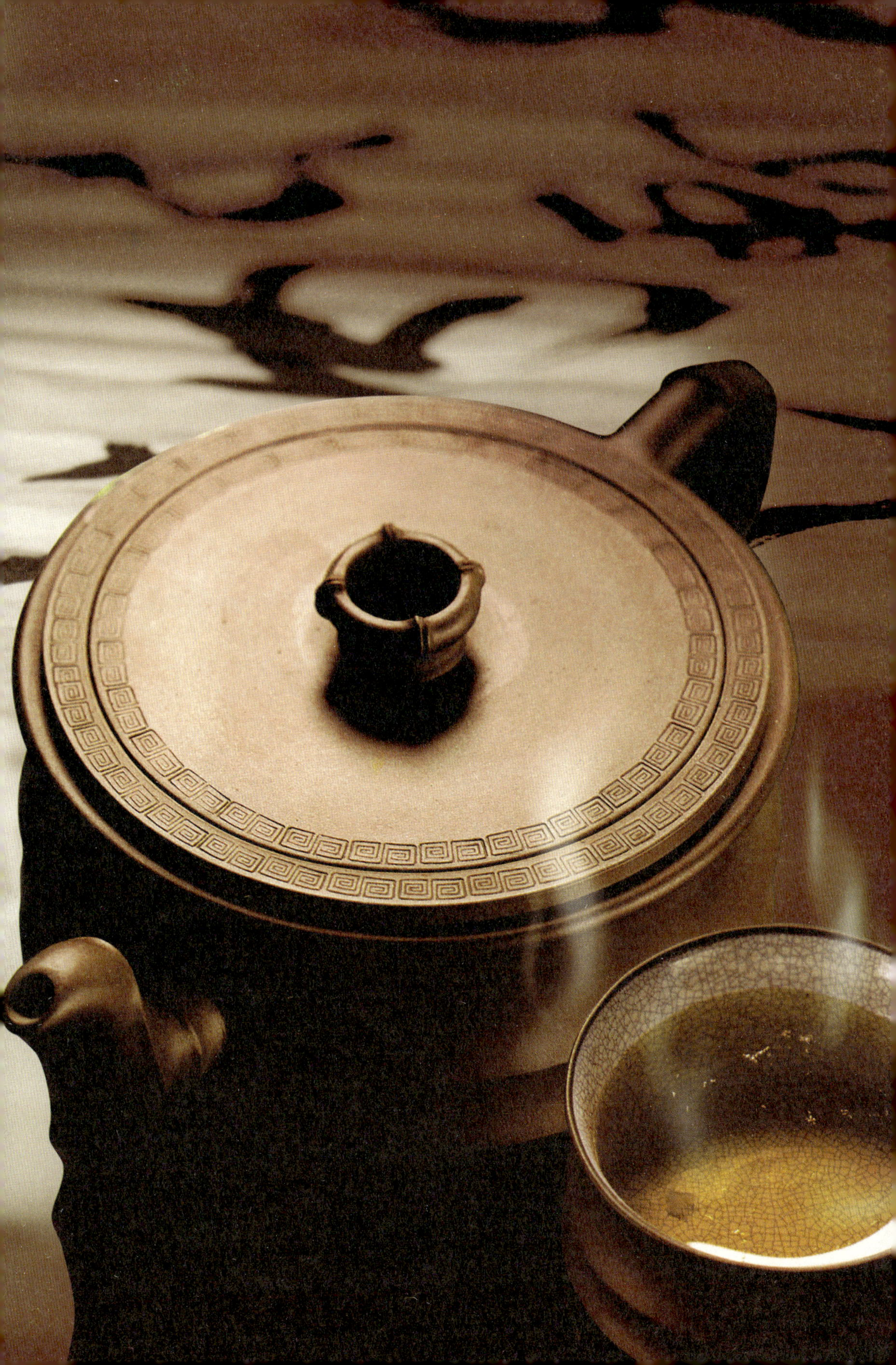

唐代刘贞德曾总结茶有十德

以茶散郁气,以茶驱睡气,以茶养生气,以茶除病气,以茶利礼仁,
以茶表敬意,以茶尝滋味,以茶养身体,以茶可行道,以茶可养志。
一个人若在茶中有品位,对生活、对情感、对生命就会由衷地热爱;
而热爱生活者,必然对人格有操守。

饮酒可以成仙,品茶可以成道

人生的闲暇时分,才是喝茶、品茶的时候。
三餐的五谷,人生的五味,都在茶中化作浓淡,浓有浓香,淡有淡香。
浓茶淡水,细斟慢酌,品的是茶,品的也是生活。
浓涩人生,清淡日子,流水岁月,尽在茶中。

男人就是一种茶,是一种混杂着多种浓情和淡意的饮料

品茗男人这杯茶时,女人会不停地涌起丰厚、细腻、持久的激情,
并停留在唇边和舌尖。尝起来浓浓的苦,想起来淡淡的香,
让女人时刻体会到男人淡淡的思和悠悠的情。

His Diary
以最特别的理由

八分茶于十分水，其味十分；
十分茶于八分水，其味八分。
茶与水，只有搭配得好，才会芳香扑鼻，入口生津。
男人似茶。
10 岁的男人是海马宫茶，
人性初显露，淡淡的青涩醇香，回味甘甜，似茶又似淡淡的溪水；
20 岁的男人是雨花茶，
初识情怀，至真至纯，滋味鲜凉而气色清香；
30 岁的男人是碧螺春茶，
祛除了浮躁又保持了香味，而具有独特美的风格；
40 岁的男人是西湖龙井茶，
简单中体现了完美，成熟中体现了高贵；
50 岁的男人是乌龙茶，
经历了岁月磨练，开始磨练岁月，不需过分显露，真情自然涌出；
60 岁的男人是祁门红茶，
经自然调和，收日精月华，滋味浓厚……
女人如水。
一杯茶的好坏不仅取决于茶叶本身，更依赖于水的冲泡，
茶叶和水天生就是般配的。
好茶就像爱情，可遇而不可求。
邂逅一杯好茶，若说这是神仙般的福分，那神仙者舍我其谁！

爱的故事

沸水铁观音

一个屡屡失意的年轻人千里迢迢来到普济寺，慕名寻到老僧释圆，沮丧地对老僧释圆说："像我这样屡屡失意的人，活着也是苟且，有什么意思呢？"

释圆静静听着年轻人的叹息和絮叨，末了才吩咐小和尚说："施主远途而来，烧一壶温水送过来。"少顷，小和尚送来了一壶温水，释圆抓了一把茶叶放进杯子里，然后用温水沏了，放在茶几上，微笑着请年轻人喝。杯子里冒出微微的水汽，茶叶静静浮着。年轻人不解地询问："贵寺怎么用温水冲茶？"释圆笑而不语，年轻人喝了一口，不由得摇摇头："一点茶香也没有。"释圆说："这可是闽地名茶铁观音啊。"年轻人又端起杯子品尝，还是肯定地说："真的没有一丝茶香。"

释圆又吩咐小和尚："再去烧一壶沸水送过来。"少顷，小和尚便提着一壶冒着浓浓白气的沸水进来。释圆起身，又取一个杯子，放茶叶，倒沸水，再放到茶几上。年轻人俯首看去，茶叶在杯子里上下沉浮，丝丝清香不绝如缕，望而生津。年轻人欲去端杯，释圆作势挡开，又提起水壶注了一线沸水。茶叶翻腾得更厉害了，一缕更醇更醉人的茶香袅袅升腾，在禅房里弥漫开来。释圆如是注了五次水，杯子终于满了，那绿绿的一杯茶水，端在手上清香扑鼻，入口沁人心脾。

释圆笑着问："施主可知道，同是铁观音，却为什么茶味迥异？"年轻人思忖着说："一杯用温水，一杯用沸水，冲沏用的水不同。"释圆点头："用水不同，则茶叶的沉浮就不同。温水沏茶，茶叶轻浮在水上，怎会散发清香？沸水沏茶，反复几次，茶叶沉沉浮浮，终于释放出四季的风韵。既有春的清幽夏的炽烈，又有秋的醇厚和冬的清冽。世间芸芸众生，又何尝不是沉浮的茶叶呢？那些不经风雨的人就像温水沏的茶叶，只在生活表面漂浮，根本泡不出生命的芳香；而那些栉风沐雨的人，如被沸水冲沏的酽茶，才有那沁人的清香啊。"

浮生若茶。我们何尝不是一撮生命的清茶？命运又何尝不是一壶温水或炽烈的沸水呢？茶叶因为沉浮才释放出了本身深蕴的清香，而生命，也只有遭遇一次次的挫折和坎坷，才能激发出人生那一脉脉幽香。（佚名）

> 茶叶因为沉浮才释放出了本身深蕴的清香，而生命，也只有遭遇一次次的挫折和坎坷，才能激发出人生那一脉脉幽香。

> 爱的主题

女人是水，男人如茶

男人如茶，是用来泡的。冲泡男人，自然不可以用白开水、自来水乃至于洗澡水，不是说"女人是水"吗？水泡茶天经地义，所以以前那些关于男人是泥，是墙，是钢筋、塔吊等稀奇古怪的比喻统统都是扯淡。男人就是茶，一包取之于深山茶树枝头的叶片，经过晾晒、烘烤、焙制，然后束之高阁，等着一个清纯如水、细润如水、柔媚如水、深情如水的女人，来舒展他的筋骨，鲜活他的血肉，灿烂他的人生……

男人的一生是干涩的，这一点和茶相似。人们往往只看到男人丰富的、灿烂的人生，而忽略了背后他们在生活这口大锅里被煎熬的过程。有经历的男人看上去总是别有一番意味，那是因为他们经受过热火的洗礼、粉身碎骨的折磨之后，才百炼成茶，留下淡淡的、苦涩的清香。男人的心如同被裹在叶片里的茶芽，无论经历多少历练，总是紧紧地收拢在层层包裹之中，他积累一生的隐秘与痛苦亦这样被自己牢牢收藏，从不与人言说……

茶可以分三六九等，男人也是如此，这是品质决定的，是无法改变的事情。真正的好茶经得起沸腾热水的考验，真正的好男人同样也要能承受纷繁尘世的侵蚀，眼明心清，无欲无求，保持天赋本色——只是，这样的男人万人之中又能挑出几个？茶在杯中，上下漂浮，香气四溢，乍看上去一般无二，若想分辨优劣，还需用心去品。三毛说过一句话，饮茶"第一道苦若生命，第二道甜似爱情，第三道淡如微风"，若以此标准来衡量男人，滋味又岂止三道？所以说，女人在选择男人的时候，不要挑三拣四，适合自己的才好。

我不得不承认，以茶来形容男人，很矫情甚至有点哗众取宠，这个世界上哪个男人能真正配得上茶这个称呼？尽管爱茶、品茶者以男人居多，只可惜他们品出了茶的味道，感悟出一些人生的味道，却没能把茶的品质渗透到自己的血液和骨髓里。以茶形容男人，可能绝大多数女人也不会同意，在她们看来，如果必须以茶形容男人的话，那也肯定会是"茶叶渣"这三个字。这可以理解，在有的女人眼里，好茶总是在别人的杯里，自己拥有的，永远只是食之无味弃之可惜的茶叶渣。

生活中睿智如茶甘美如茶体贴如茶的男人还是存在的，作为男人中的"异类"，他们坚持固有的生存方式，在命运的河流中，无论波涛汹涌还是上下沉浮，他们都淡然自若，从从容容……哪怕有一天真成了茶叶渣，也会有人把其晾晒干净，装进枕头里——这样的男人，是可以相伴一生入眠的。（韩浩月）

男人就是茶，一包取之于深山茶树枝头的叶片，
经过晾晒、烘烤、焙制，然后束之高阁，
等着一个清纯如水、细润如水、柔媚如水、深情如水的女人，
来舒展他的筋骨，鲜活他的血肉，灿烂他的人生……

超脱男人，送他绿茶

中国的名茶一般都出自绿茶，汤清叶绿，香高味爽。绿茶冲泡后茶汤清澈明亮，香气持久似兰蕙，醇厚爽口，回味甘甜。在闲适的午后，为他泡上一壶上等的绿茶，一起慢慢品味，思绪像杯中的茶叶一样自由飘荡，确是一件再惬意不过的事。

豁达男人，送他乌龙茶

乌龙茶茶汤金黄明亮，香味醇厚。品饮乌龙茶，应按"功夫茶"小壶小杯细品慢饮的方式，才能品尝到乌龙的真正韵味。这正迎合了乌龙茶的性格——于沉静中透着丝丝雍容的贵气，让你不由得想起大度豁达的男子。

热情男人，送他红茶

红茶味道厚重，有暖胃的作用，给人一种温暖的感觉。如果说品绿茶是品味人生，那么喝红茶就是品味生活——生活的平淡、真实和温暖。没有花茶的芬芳、绿茶的清雅和乌龙茶的贵气，红茶在平淡中透着真真切切的温暖。

俊朗男人，送他花茶

花茶，是在茶中加入鲜花熏制而成，最常用的就是茉莉花。它集茶味与花香于一体，茶引花香，花增茶味，相得益彰。正如周身散发着好闻气息的男人，干净、清爽、纯朴，令人不由自主地想去接近他。

你可以告诉他——

"在喧嚣繁杂的尘世里，我们需要一杯好茶。
让我们常常沉浸在清茶宁静、自在的境界里——
　　冰肌玉骨、身心通透、净若琉璃。"

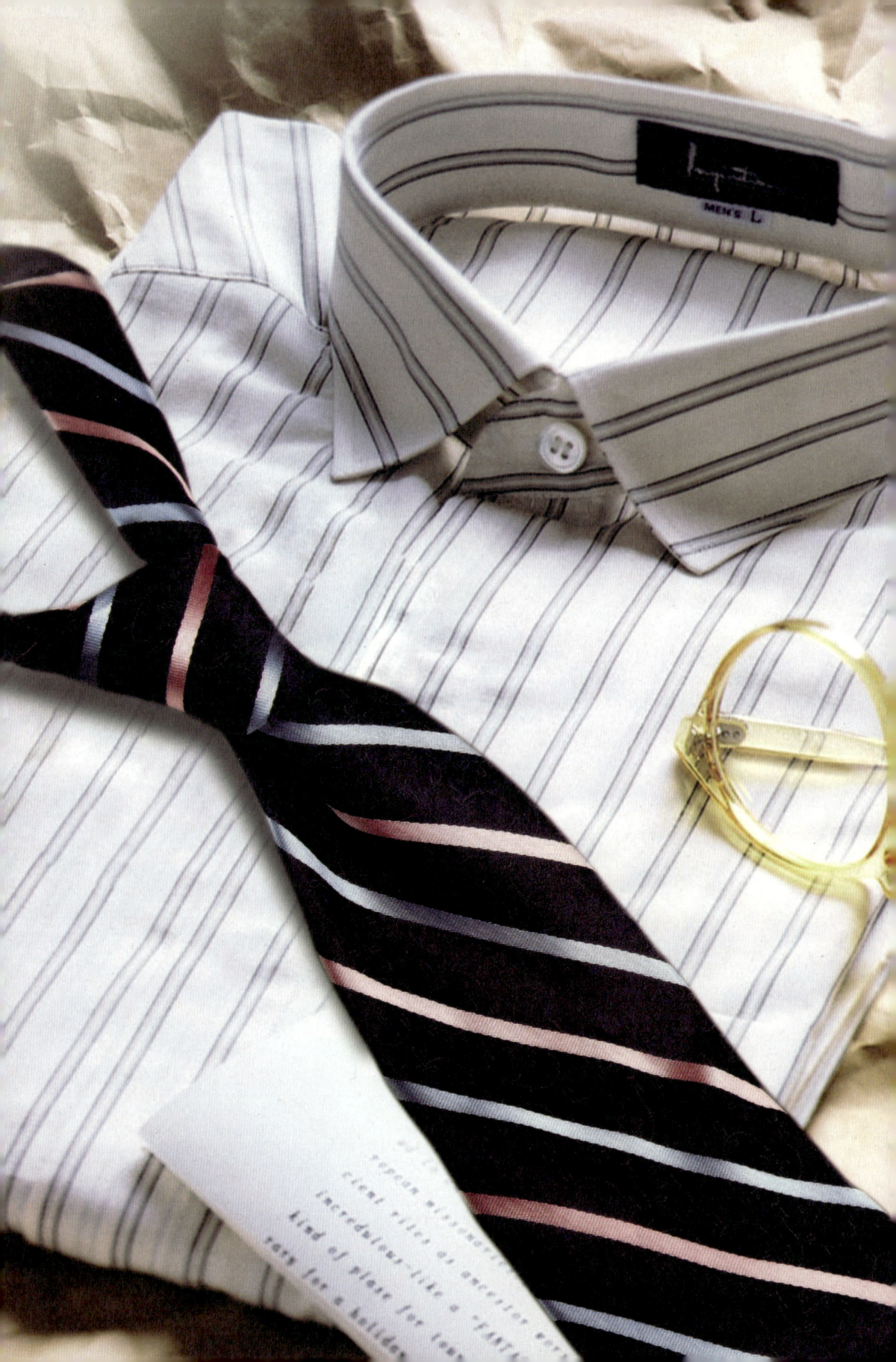
MEN'S L
kind of place for

别致领带

甜蜜地缠绕，永远地相伴

Special Present #7 领带

Necktie

领带是男人的徽章
它是属于男人的，作为一种男人的饰物，
它本身充满着浓重的贵族特征。

领带常表露男人的内心世界
对于男人来说，
领带是可以引人注目、可以频繁变化且不至于过分张扬的饰品。
系在男人颈上的领带，使男人风采洋溢、个性非凡。

领带是女人送给男人的最经典的礼物
对于厌倦了束缚的男人来说，领带明摆着是女人的圈套。
不过有时领带也能成为爱情的风向标，
当一个女人向一个男人送领带时，说明这个女人爱上了他。

His Diary

以最特别的理由

关于领带的传说有多个浪漫版本。
一说是早年北欧渔民出海时遭遇飓风,
为使衣服不致因领口被吹开而滑落,
就用一条布带系紧,久而久之,领带初具雏形;
二说是在罗马帝国时期曾流行一种风俗:
把一块软布围在脖子上,
当士兵戍边、出征时围上父母、妻子赠给的这种布条,
更表示对家乡和亲人的思念;
三说是17世纪路易十四时的十字军,
曾把一种色彩鲜艳的布条围在脖子上作为护身符,
经不断改进后在贵族中盛行,成为今天的领带……
领带在男人的颈间融化开无限的想象与柔情
——智慧的方格,浪漫的圆点,洒脱的斜条;
红色的炽热,蓝色的含蓄,黑色的稳重……
男人对于领带的钟爱其实就是对自己的欣赏,
就是他们感情的宣泄;
那绕颈的柔情,成就了男人们花样的年华,
也化作了他们一辈子的牵挂。

爱的故事

说个故事给女人听

　　身披盔甲的武士途经乡间，突然听到女人的哭喊声，他马上精力充沛、策马飞奔，奔向她的城堡。原来她被一只野兽困住了。勇敢的武士拔剑刺杀野兽，结果公主接受了他。

　　城堡之门打开了，公主的家人和全镇的人民都欢迎他，为他庆祝。他受邀住在城中，人民视他为英雄。他和公主恋爱了。

　　一个月后，武士又去旅行。回来时，听到他的爱人哭泣求救。另一只野兽正袭击城堡。武士抵达时，又拔剑刺杀野兽。在他冲上前时，公主从城堡里哭喊："别用剑，用绳子比较好。"

　　她丢给他绳子，又好像在示范他该如何使用。他犹豫不决地跟从她的指示，将绳子套上了野兽的脖子，然后用力一拉。野兽死了，每个人都很高兴。

　　庆祝晚会上，武士觉得自己并没有立下功劳，因为他用的是她的绳子，而不是自己的剑，他觉得承受不起全镇人民的信任和赞美。他因沮丧而忘了擦亮自己的盔甲。

　　一个月后，他又去旅行，随身带着剑。公主叮咛他多保重，并把绳子交给他。他回来时，又看到一只野兽在攻击城堡，他马上拔剑往前冲，心里却想，也许可以用绳子。正在犹豫不决时，野兽向他吐火，烧伤他的右臂。他犹豫不决地望着窗口，公主正向他挥手："绳子没用了，用这包毒药。"

她把毒药丢给他。他把毒药倒入野兽的嘴里，野兽立刻死掉。人人欣喜庆祝，但武士却以此为耻。

一个月后，他又去旅行，随身带着他的剑。公主叮咛他凡事小心，并要他带上绳套和毒药。她的建议使他困扰，但还是将它们放入行李中。

在旅途的某条街上，他听到另一个女人的哭泣，他冲上去解救她时，心中的沮丧已完全消除。但在拔剑时又犹豫起来，他不知道该用剑，还是用绳子？他困惑了好一会儿，随即他回忆起尚未遇见公主前只带剑的情形。他重新建立自信，丢掉绳子和毒药，以他自信之剑来对付野兽。最后，他杀了野兽，城民都欢欣鼓舞。

身披闪亮盔甲的武士再也没有回到公主身边，他留在该镇过快乐的日子。他结婚了。在结婚前他确信他的女人不知道绳子与毒药的事。

牢记每个男人的内在都是一个身披闪亮盔甲的武士，这有助于记得男人的基本需求。虽然他们或许会很感激你的关怀与帮助，但有时太多的关怀和帮助反而可能使他们的信心减少。（约翰·格雷）

> 牢记每个男人的内在都是一个身披闪亮盔甲的武士，
> 有助于你记得男人的基本需求。
> 虽然男人很感激你的关怀与帮助，
> 但有时太多的关怀和帮助反而使他信心减少。

爱的主题

爱是永远的宽容

两个人由相识、相知到相恋，最终携手走向爱情的归宿——婚姻的殿堂，心中无不怀着甜蜜的憧憬、美好的期待。他们在想象之中勾画着未来生活，哪怕最隐秘的细节、最不易窥测的角落，都被描绘得婀娜多姿、美妙绝伦，连最平凡的琐细生活，也被完全彻底地美化了。他们陶醉在两个人的世界里，仿佛彼此是对方的上帝。而爱情，成了他们面对生活、主宰命运的唯一钥匙。在过来人眼中，他们是两个甜蜜的傻瓜，因为此时他们还不完全理解婚姻是什么，生活意味着什么。

然而时间的巨手可以钝化感觉、磨平记忆、改变一切。原来使人心旌摇荡的，如今却叫人无动于衷；原本让人刻骨铭心的，现在却使人麻木不仁，连那最让人难以忘怀的一个美妙瞬间，都变得模糊、淡漠了。是的，时间改变了世界，时间也改变了我们的感觉。不是因为才华横溢才嫁给他吗？怎么越看越觉得这个人除了才华一无所有？不是因为风度翩翩才倾心于他吗，怎么越看越感到这个人浑身上下都是虚头巴脑？不是因为气质超群、身材出众才非她不娶吗？怎么婚后不到一年便觉得这个人形容猥琐、俗不可耐？不是因为心地善良、不慕钱财才对她感念不已，以为今生终于找到了理想中的爱人吗？怎么孩子一出生这个人就变得斤斤计较、锱铢必较？原来心仪的东西，如今似乎都走向了反面：性情稳重成了老气横秋，性格活泼成了疯疯癫癫，风流倜傥成了拈花惹草，热爱艺术成了老不正经，连身体健壮也成了笨手笨脚，身材苗条也成了不够性感。大眼睛是大而无当，小眼睛是鬼鬼祟祟；有业余爱好说你是不务正业，没有业余爱好说你缺乏情趣；下班早回家说你不像个男人，下班不回家说你不顾老婆孩子；挣不到钱说你笨蛋，挣太多钱说你肯定不是好东西；管孩子说你婆婆妈妈，不管孩子说你没有家庭责任感；被提拔了说你是马屁精，没被提拔说你什么本事没有白混了十几年；朋友多了说你狐朋狗友整天不着家，朋友少了说你孤家寡人像个丧门星；对长辈孝敬了说你永远像个三孙子，对长辈不孝顺又说你没良心；看见女人不回头说你假正经，见到女人总回头说你不正经……

生活就是这样，每天都在发生着有形无形的战争。说少了鸡零狗碎、鸡毛蒜皮，说多了还叫人笑话。然而每个人都在生活的粗俗和琐碎之间经受考验。新潮男女难以忍受此中的磨难，叹息一声"怎么会这样？"便互相道"拜拜"，从此天各一方，独自潇洒去了。趁着年轻还有资本，他们拼命地消费自己，待到人老珠黄，也就心平气和，认可"生活的平庸"了。比之前辈，他们不乏洒脱快乐，但频繁的探索与转换之间，他们又很难深入体会生活的艰辛与美好。与他们一同笑过的人，他们很难长久地记得他。只是到了人生的暮年蓦然回首，他们才似有所悟，但很难说一句今生无悔、笑对所爱。

爱一个"完美"的人并不难，爱一个"有缺陷"的人却很难，长久地爱一个这样的人尤其难。而唯其如此，人的感情才显得深沉厚重、感天动地。说到底，在上帝如炬目光的审视下，我们谁敢大言不惭地说自己是"完美"的人呢？既然自己并不完美，凭什么以完美要求于自己的爱人呢？爱一个人，便意味着全身心地、无条件地接受他（或她）的一切，包括他坚强掩盖下的脆弱、诚实背后的虚伪、才华表象下的平庸和勤劳反面的懒惰，甚至要忍受婚前不曾发现的种种生活恶习。诚实、善良、美丽、贤惠的是你的妻子；虚伪、做作、小气、庸俗的也是你的妻子。在外夸夸其

前卫型男人

身材娇小但比例匀称,有个性的五官,充满活力的感觉。

适合的领带: 因为给人的感觉很时尚,所以领带的选择范围也较广。几何图形或细小图案,对比鲜明的条纹或小格子都很适合。颜色要明亮、清晰一些。领带的质地可以选丝绸、薄麻和针织品。

不适合的领带: 大众化的、颜色灰暗、图案过大的领带。

浪漫型男人

身材匀称,大部分身高较高,有精致的五官,性感温柔的眼睛,像钢琴家理查德·克莱德曼就是典型的浪漫型男人。

适合的领带: 纯色的领带,底色和图案色反差不大的、小圆点领带以及"一点红"图案的领带("一点红"是指整条领带在下端有一个独立的小图案)。领带质地以丝绸为佳。

不适合的领带: 色彩对比过于强烈、抢眼以及图案线条硬的领带。

你可以告诉他——

"想送你一条领带，作为礼物。
据说女人送给男人领带的含义是想拴住他的心。
也许我是想拴住你，但不是仅仅用一条领带，
而是用我的心、我的感情……"

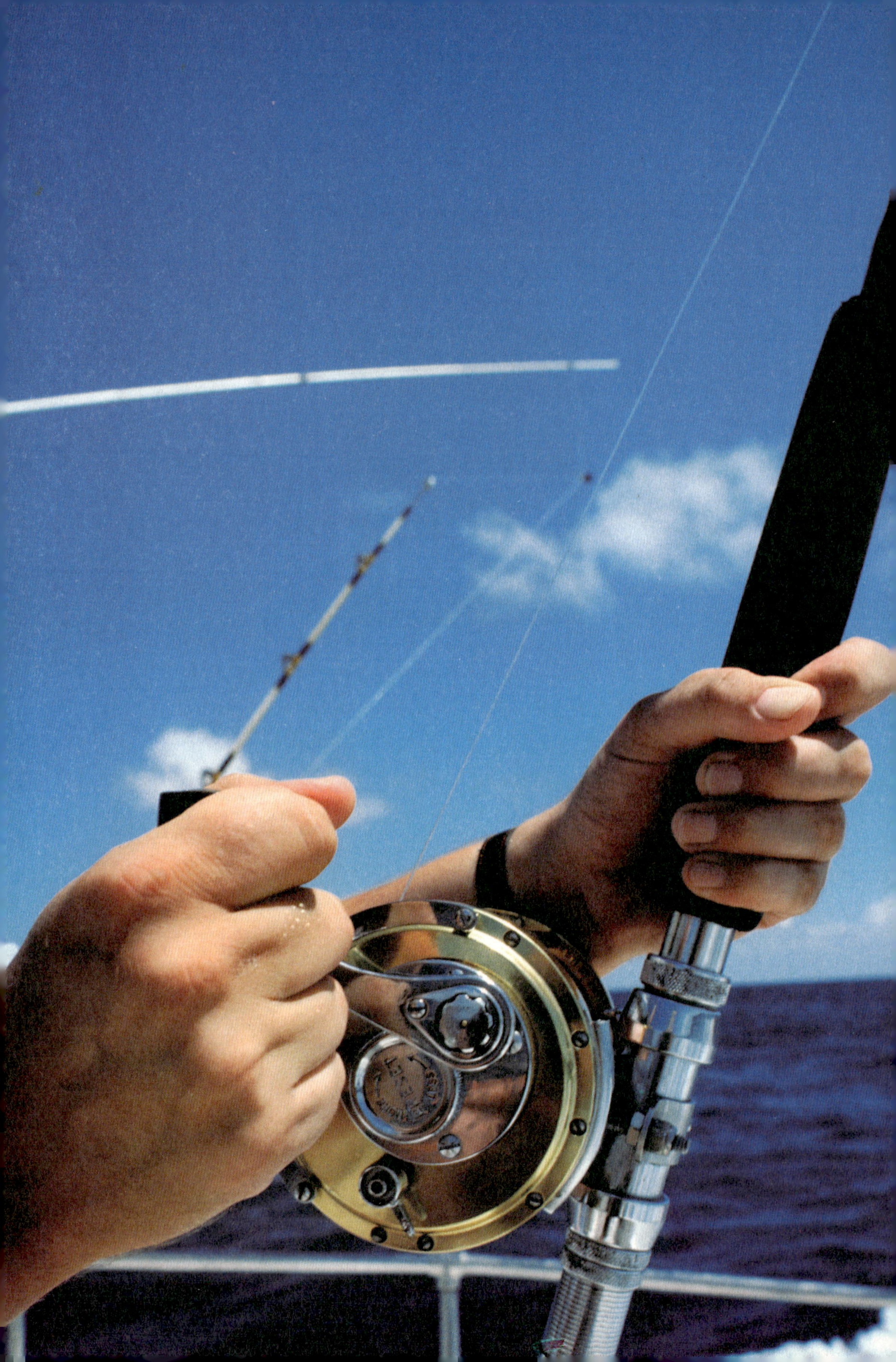

休闲鱼竿
做懂得享受闲适生活的从容男人

Fishing Rod
Special Present #8 鱼竿

男人天生爱钓鱼，自古就有姜太公垂钓的故事，
钓鱼确实是男人之好

事实上，大部分男人都有属于自己的爱好，
无论是音乐、高尔夫还是钓鱼，
一个能在生活中找到自己爱好的男人一定会给人生机勃勃的感觉。

男人应该掌握一项适合自己的休闲娱乐活动

据调查，在钓鱼、画画、跳舞、登山、耕田、击剑等十种
最受男人欢迎的休闲运动中，
磨炼个人耐性并颇能获得成就感的钓鱼运动被排在首位。

垂钓是一种人与自然交融的生活体验，
每一竿，男人都在收获快乐

钓鱼，并不止是为了有鱼的结果，获与不获全然是身外的。
钓鱼是一种淡泊宁静、超然物外的意境。

男人喜欢放出诱饵垂钓爱情，女人喜欢不惜血本守望爱情

从某种意义而言，男人对女人的征服正如垂钓的过程。
男人与女人之间的爱情，就犹如鱼与水不可分离，
有太多的语言描述那种令人近乎流泪的爱恋。

His Diary
以最特别的理由

"一篙一橹一叶舟，一丈长竿一寸钩。
一拍一呼复一笑，一人独占一江秋。"
钓鱼——这是属于男性的休闲娱乐活动。
繁忙之余，垂钓水边，
感受一种宁静致远的闲情，别有一番无可替代的乐趣。
远处湖水渺渺，烟雾蒙蒙；近处芦苇蒿草，清香扑鼻；
不远不近处，痴迷的垂钓者，
一弯长长的钓鱼竿，淡淡的墨线一般，浅浅地划进水里。
鱼竿与水的每一道摩擦的痕迹，都记录着一段故事，
有幸福，有快乐，有遗憾……
垂钓大致有三层境界：
第一层，有鱼有我。
重"鱼"不重"趣"，只要钓到鱼，就会有巨大的成就感。
第二层，有鱼无我。
喜欢一个人在河中、湖中、海中垂钓的那种意境，
可以说这是真正的钓鱼者。
第三层，无鱼无我。
钓鱼不仅仅是为了钓鱼，
更为的是休闲，为的是修身养性，
享受垂钓的终极意趣。

爱的故事

我用鱼的方式爱你

有人说鱼的记忆只有 7 秒，7 秒之后它就不记得过去的事情，一切又都变成新的。

所以在那小小的鱼缸里它永远不觉得无聊，因为 7 秒一过，每一个游过的地方又变成了新的天地。它可以永远活在新鲜中。

我宁愿是条鱼，7 秒一过就什么都忘记。曾经遇到的人，曾经做过的事就都可以烟消云散。可我不是鱼，所以我无法忘记我爱的人，无法忘记牵挂的苦，无法忘记相思的痛……

鱼看不到相爱的人流泪，却可以感觉到对方的心痛。这一生，我们都无法做条自由的鱼，所以你也无法感觉到在你离开我的时候，我的那种心痛，正如我觉察不到你爱我一样……

爱一个人可以多久？如果我是鱼，我可以爱你 7 秒……7 秒之后我又爱上了你，就这样爱你一辈子，用鱼的方式。

我在眨眼睛，你呢？在我眨眼睛的时候，你还好吗？我想你了，于是我不停地眨眼，因为我不想让泪水流出来。原来鱼也有思念的时候，也有痛的时候。做一条鱼，在水里，多好，可以自由地为了爱情流眼泪，不会被看到伤痛。

我常问自己，为了爱你，我到底失去了什么？原来，我失去的是自己。而更重要的是我更愿意这样继续下去，因为我不愿没有你……

我现在可以看到阳光的灿烂，可以看到春天的明媚，可以看到你害羞的脸。如果有一天，我只能看到黑暗，我多希望，我真的是一条鱼，因为可以一直睁着眼睛面对你，而不用担心被你看到伤悲。

我可以选择吗？

如果，上天给我一次做鱼的机会，我希望，你可以感觉到我的心痛；如果，上天给我一次做鱼的机会，我希望，我可以每7秒爱你一次……

（佚 名）

> 爱一个人可以多久？如果我是鱼，我可以爱你7秒……
> 7秒之后我又爱上了你，就这样爱你一辈子，用鱼的方式。

在最浪漫的时刻

● **如果你爱上一个喜欢垂钓的男人，送他最好的鱼竿**

他本性中的热情、好动、好胜、睿智都会在钓鱼的时候完美地体现出来。与一个心中有热情的男人在一起，生活就会充满乐趣。生命的意义大概就在于此。

● **如果你和他火山般的爱恋慢慢趋于平淡，送他鱼竿**

告诉他，男人都应该学会钓鱼，因为钓鱼蕴藏着最朴素的真理：没有耐心就没有收获。而天长地久的爱情，就是宽容，就是耐心，就是在平凡的日子里相守……

● **在他被都市的快节奏、职场的无情竞争压得喘不过气来时，送他鱼竿**

和他一起找一个宁静优雅的垂钓去处，那里有新鲜的空气、充足的阳光、绮丽的景色，最好是人迹罕至，绝少喧闹。当你们垂钓归来，心情就会明朗起来，他也一定会感到工作起来充满了新的活力。

爱的主题 1

钓鱼的三重境界

我把我钓鱼的经历归纳为三重境界。

一重境界，初进门槛，急于求成，想有所为，不知何为。当你第一次持竿钓上鱼的时候，你就与钓字结下了不解之缘。这时候，你的求钓欲望是十分强烈的，急于置全钓具，什么钓法都想学，什么鱼都想钓，什么水域都想去试钓，什么时间都想钓。可以说，钓欲如炽，焚心难耐。但是，由于你不成熟，主观愿望和客观实际老是打架，既不知己也不知彼，每战每败的事多多了，让钓鱼这件事把你弄得心烦气躁。在这个时候，一般钓鱼人和真正的钓鱼人就有了分野，有些人经常钓不到鱼，就休竿不钓了，真正的钓鱼人这时候会锲而不舍地继续往前走。

二重境界，登堂入室，学会钓鱼，想钓大鱼，如醉如痴。迈过了一重境界，这时候你的钓技日益成熟，鱼情、天气、季节、钓饵，还有你手里拿的那支竿都有了比较深入的理解和掌握，在失败与成功之间，在主观与客观之间，经过两三年的磨炼你终于总结出了属于你的那一套东西。这时候你就想"出人头地"，钓得更多更大，想创造惊人的成绩。你就会像痴情的恋人那样，周周钓鱼不止，白天钓完鱼还想夜钓，痴迷于钓事，见了同道乐侃钓经。这时候你是五分清醒五分迷,不像过去那样急,也不像后来那样稳,你是在忙于"建功立业"。你的这种想法能理解,这是你的钓鱼阅历还不够的表现,这是你对"钓"还没有彻悟的表现。

　　三重境界,穿室而过,得之不喜,失之不忧,不钓而钓。走过相对漫长的第二重境界,那就是你梦醒时分,你为一个"钓"字忙碌了若干年,你得到了什么,你失去了什么,答案或许因人不同,但有一点是相同的,为钓鱼付出的是无怨无悔,在钓鱼中得到的是修身养性,背对红尘了却了名利的缰锁,眼观碧波彻悟了大自然的妙趣。这时候,你还在钓鱼,而且是更深层次上的钓鱼,到了水边,你不争不抢,专找僻静处下竿,日夕时你提起鱼护,有鱼你一笑了之,无鱼你也一笑了之,听见钓友争长论短,你也一笑了之。有时候,甚至不拿钓竿,信步到水边转一转,看一看,也就有了钓的乐趣,因为你一到水边你的心里已经在钓了,这就是所谓不钓而钓。此时,你已经站在钓道的金顶上了。(佚　名)

　　　　　　　　一重境界,初进门槛,急于求成,想有所为,不知何为。
　　　　　　　　二重境界,登堂入室,学会钓鱼,想钓大鱼,如醉如痴。
　　　　　　　　三重境界,穿室而过,得之不喜,失之不忧,不钓而钓。

爱的主题2

守住一颗宁静的心

　　生活是一望无际的大海，人便是大海上的一叶小舟。大海没有风平浪静的时候，所以，人也总是有欢乐也有忧愁。当无名的烦恼袭来，失意与彷徨燃烧着每一根神经。但是，朋友，别忘了守住一颗宁静的心，痛苦将不再有。

　　每个人的前面，都有一条通向远方的路，崎岖但充满希望。不是人人都能走到远方，因为总有人因为没倒掉鞋里的沙子而疲惫不堪半途而废。所以，主宰人的感受的并非欢乐和痛苦本身，而是心情。

　　当生活的困扰袭来，请丢下负荷，仰头遥望明丽、湛蓝的天空，让温柔的蓝色映入心田。就像儿时玩得疲倦了，找一块青青的软软的草地躺下，任阳光在脸上跳跃，让微风拂过没有褶皱的心。

　　当层层的失意包围，请打开窗户，让沁人心脾的新鲜空气走进来，在芬芳甘甜的泥土气息中寻找一丝的宁静，就像儿时，拿起蒲公英的细须，鼓起两腮吹开一把又一把的小伞，带着惊喜闭上眼睛，许下一个心愿。于是，心中便多了一份慰藉与欣喜。

　　当无奈的惆怅涌来，请擦亮眼睛，看夕阳的沉落，听虫鸣鸟叫。就像儿时在小院里听蛐蛐的叫声，抬头数天上闪烁的星星。于是，一切令人烦恼的嘈杂渐渐隐去，拥有的是一颗宁静的心。

守住一颗宁静的心，你会由衷地感叹：即使我不够快乐，也不要把眉头深锁。人生本短暂，为什么还要栽培苦涩？

守住一颗宁静的心，你会明白博大可以稀释忧愁，宁静能够驱散困惑。是的，没有人知道远方究竟有多远，但是打开心灵之窗，让快乐的阳光和月光涌进来，宁静之心便有了一支永不熄灭的快乐之歌。

守住一颗宁静的心，你便可以不断超越，不断向自我挑战。即使远方是永远的远方，也会诞生一种东西——奇迹！（佚　名）

> 守住一颗宁静的心，你会明白博大可以稀释忧愁，宁静能够驱散困惑。

怀想一个词

当冬日的凉意淹没孤寂的脚踝,
内心深处猛然想起与温暖和爱意相关的一个词——相濡以沫。
我就想:谁以他的温热的呵气,暖了冰凉的手指?
又有谁用他温热的唇,为爱人烙上醉人的印记?
佛经上有一则故事,说的是有一天陀山起了大火,
许多鹦鹉一起汇集于陀山大火之中,它们将身上的羽毛沾上水,
然后把水洒向陀山,期望能熄灭这场大火。
天神见了说:"鹦鹉们呀,你们虽想救火,但这点微薄的水,有什么用呢?"
鹦鹉们说:"我们常年住在陀山之中,和陀山朝夕相处,情深似海,
怎忍心让陀山被火烧掉呢?烧光了树,我们住在什么地方呢?"
天神很感动,弹指间就灭了山火。
这样一种"入水濡羽,飞而洒之"的鸟儿对山的情怀,是为人间大爱。
于是,谁能不甘愿成为陀山,有鹦鹉的相濡以沫呢?
在爱之中,相濡以沫是最重的一个词。
有一个传说,令所有渴盼爱的眼睛湿润。
在广阔无边的沙漠,一对鱼儿在仅存的一汪水中挣扎,
眼看水就要被沙漠吸干,但见一条鱼口吐泡沫去滋润另一条鱼,
以求让对方多活一秒钟,这是鱼儿们的爱情。
冬夜的灯光如河,我眼前有鱼游来有鸟飞来了,
面对鹦鹉和鱼儿,面对满街轻飘的爱情歌曲,
真的令人由衷地怀想起具有金属质地的一个词,
一个标志真正爱情的词,一个让生命变得厚重的词——相濡以沫。
有谁以他那甘霖般的泡沫,去滋养恋人即将枯萎的呼吸? (欣 儿)

你可以告诉他——

"若能"偷得浮生半日闲",夫复何求?"

质感公文包
用它来盛载男人的成就感

Brief case
Special Present #9 公文包

男人一生中，要有一份自己的事业
男人的公文包通常具有超强的容纳能力，它收藏着男人的勃勃雄心，
收藏着男人为事业而战的十八般兵器。

对于男人来说，公文包是无言的、坚固的、优雅的
它是男人们身份的标签，却总是不发一言，
仅仅凭借其外表，就可道出男人的身份和地位。

一个懂得打扮男人的女人，就是真正意义上的好女人
为他买款适合他的公文包，暗示着对他事业默默的支持，
无论他在哪里工作，即便是走到天涯海角，
他都能在芸芸众生中感到你的温情。

His Diary
以最特别的理由

如果你不能成为山顶上的高松,
那就当棵山谷里的小树吧——但要当棵溪边最好的小树。
如果你不能成为一棵大树,那就当丛小灌木;
如果你不能成为一丛小灌木,那就当一片小草地。
如果你不能是一只香獐,
那就当尾小鲈鱼——但要当湖里最活泼的小鲈鱼。
我们不能全是船长,必须有人来当水手。
有许多事让我们去做,
有大事,有小事,但最重要的是我们身旁的事。
如果你不能成为大道,那就当一条小路;
如果你不能成为太阳,那就当一颗星星。
决定成败的不是你身材的大小——而在于做一个最好的你!

爱的主题 1

成功男人字典

坚强　在巨大的变故面前,男人那紧抿的嘴角、滚动的喉结是坚强;而面对阴冷的诅咒、堆笑的奉承时,那冷静而超然的一笑也是坚强。"坚强"这个字眼,我们太熟悉了,以至于这两个字已被人们的手指触摸得有些模糊。可是我们还是要不停固执地指点它,因为当今假冒坚强的男人太多。且不说文艺作品里拿沉默不语、表情冷酷冒充坚强,生活中又有多少自诩为能"修身齐家治国平天下"的男人,拿金钱美色一试,即一触即溃,可见保持坚强之不易。坚强需要信念,需要知识,需要磨难,需要平静。男人的坚强是天赋的责任,否则便不配做男人。

自信　选中它我们毫不犹豫。因为在"成功男人"的根目录里,"自信"是不可或缺的子目录。可惜,有太多的男人误读了"自信"这个词条。他们把偏执当自信,不谙"兼听则明"的道理;把狂傲当自信,一叶障目,看不见"山外青山楼外楼",看不见"遍地英雄下夕烟";把炫耀当自信,心甘情愿地陶醉在那些言不由衷的阿谀和别有他图的掌声之中;把幻想当自信,一心以为有"鸿鹄将至",忘记了"一室不扫何以扫天下"的古训。

不管有多少男人能安全泅渡过"自信"这道不算湍急的河流，我们依然一刻不能停止对自身能量的检测，这是对前程的肯定，是对成功的把握。然而怪得很，这把打开辉煌的钥匙从不摆在明处，只有优秀的男人才找得到。

深刻 深刻是对事实的穿透，是对本质的凝视，是对表层和伪装的剥离，是对树根的挖掘，是对果核的解剖。深刻多是深沉而平静的，从不大吵大闹；深刻又往往朴素而直白，不喜欢浓妆艳抹和华丽的外表；深刻崇尚简洁而锋利，不愿意拖泥带水，也不肯模棱两可。

之所以如此推崇深刻，是因为深刻意味着突破，推动着文明，改写着历史。对自然观察深刻，便是科学巨匠；对社会人生研究深刻，便是哲人圣贤。要不得的是拿深刻做装饰、当摆设，诸如艰涩而苍白的格言、俗气而无聊的抒情，这些媚俗的"玩深沉"，是对深刻最粗暴的误导和亵渎，在成功的男人身上不应找到一丝一缕它们的影子。

豁达 豁达对一个男人意味着风度、胸怀、气质，意味着亲和力、感召力和凝聚力。豁达叫人彼此认同和理解，甚至化干戈为玉帛；豁达会使人油然而生安全感，心甘情愿地解除心理武装，不再层层设防；豁达也会使人自责和忏悔，检讨和反省自己哪一步出错了脚。

豁达是斤斤计较、心胸狭窄的天敌。对来自无意间的伤害它是宽厚；对窃窃私语它是漠视；对敌意的攻击它是忍让；对相左的见解它是理解；对前辈它是尊敬；对后生它是呵护；对弱者它是爱心；对幼稚它是宽容。在这个世界上久演不衰的男女双人舞中，男人的豁达是女人心中最动听的华尔兹，只要这个旋律一直演奏下去，女人就不会脱掉那双红舞鞋，而终生成为男人的红粉知己。　（胡占凡）

> 男人事业成功的必备要素除了忍耐力、控制力、胆识、积极的思想外，还需要具备很多因素。

成长是一种经历，成熟是一种阅历

　　成长是一种经历，成熟是一种阅历。每个人都会成长，但不是每个人都会成熟。成熟的人，不为得而狂喜，不为失而悲痛，竭尽全力之后，坦然接受而已；成熟的人，不因功成名就而目中无人，也不因默默无闻而卑躬屈膝，而是保持一颗平淡的心，不卑不亢地生活。成熟的人，能够担当，懂得感恩，心平气和，淡定从容。

　　在生活中你想获得什么，你就得先付出什么。你想获得时间，你就得先付出时间，你想获得金钱，你得先付出金钱。你想得到爱好，你得先牺牲爱好。你想和家人有更多的时间在一起，你先得和家人少在一起。

　　越是成长越难得到朋友。因为你很难再愿意去屈就和向别人妥协，所以很多人轻易地群聚着喝酒吃饭高谈阔论，即使不了了之，彼此心里也没有丝毫留恋。这是社交动物的方式只要不谈感情就很干脆。人与人之间的那份郑重而留恋的相待，也许已经是奢侈的事了。

　　生活有两大误区：一是生活给人看，二是看别人生活。只要自己觉得幸福就行，用不着向别人证明什么。不要因为光顾着看别人，而走错了自己脚下的路。

有一种东西决不能愚弄，那就是真诚；有一种东西决不能背叛，那就是真情；有一种东西决不能放纵，那就是欲望；有一种东西决不能远离，那就是安宁；有一种东西决不能触摸，那就是罪恶；有一种东西决不能丢失，那就是德行；有一种东西决不能欺瞒，那就是心灵；有一种东西决不能游戏，那就是人生！

不要为明天忧虑，因为明天自有明天的忧虑；一天的难处，一天担当就够了。远虑是无穷尽的，不要让远虑成为近忧。人生路上有无数的驿站可以歇脚，有的包袱可以等到该背的时候再去背，用不着把所有的包袱都背在今天的背上。我们不是超人，精力总是有限的，不要试图在今天解决明天的所有问题。

最大的敌人是自己，最大的失败是自大，最大的无知是欺骗，最大的悲哀是妒忌，最大的错误是自弃，最可佩服的是精进，最大的破产是绝望，最大的财富是健康，最大的债务是情债，最大的礼物是宽恕，最大的欠缺是顿悟，最大的欣慰是布施，最可怜的性情是自卑，最大的罪过是自欺欺人。

不论何时何地，要特别珍惜缘分，不论是你生命中的过客，还是长久的知己，都是一生珍贵的回忆。"人海中难得有几个真正的朋友，这份情请你不要不在乎"！别等到无能为力的时候，才感到终生遗憾和浮现悔恨的记忆。

真正的爱，是接受，不是忍受；是支持，不是支配；是慰问，不是质问；真正的爱，要道谢也要道歉。要体贴，也要体谅。要认错，也好改错；真正的爱，不是彼此凝视，而是共同沿着同一方向望去。其实，爱不是寻找一个完美的人。而是，要学会用完美的眼光，欣赏一个并不完美的人！

千万不要因为别人的眼光而随便改变了自己；千万不要把自己的软弱展现给外人看；千万不要把自己的狼狈述说给外人听。因为根本没有人会觉得你很可怜，只会觉得你很无能很没用。什么事情都要学会自己一个人承担，因为没有人会帮你。什么事情都要学会自己一个人坚强，因为凡事都应靠自己！（佚　名）

你为生存做些什么，我不关心

你为生存做些什么，我不关心；
我想知道你的渴求，你是否敢于梦想，那内心的渴望。
你的年龄有多大，我不关心；
我想知道为了爱，为了梦，为了生机勃勃的奇遇，
你是否愿意像傻瓜一样冒险。
我想知道，你是否能安享快乐——我的或你自己的，
你是否能充满野性地舞蹈，让狂喜注满你的指头和足尖，
而不告诫我们要小心、要现实、要记住人的存在的局限。
我并不关心你告诉我的故事是否真实，
我想知道，你是否能为了真实地对待自己而不怕别人失望，
你是否能承受背叛的指责而不出卖自己的灵魂。
我想知道，你是否能忠心耿耿从而值得信赖；
我想知道，你是否能保持精神饱满的状态，
——即使每天的生活并不舒心，
你是否能寻找到自己生命的来源。
我想知道，你能否身处颓境，
却依然站在湖边对着银色的月光喊出一声："真美！"
我并不关心你在哪里生活或者你拥有多少金钱，
我想知道，在一个悲伤、绝望、厌烦、受到严重伤害的夜晚之后，
你能否重新站起，为孩子们做一些需要的事情。
我并不关心你是谁，你是如何来到这里，
我想知道，你是否会同我一起站在火焰的中心，毫不退缩。
我并不关心你在哪里受到教育，你学了什么或者你同谁一起学习，
我想知道，当一切都背弃了你时，是什么在内心支撑着你。
我想知道，你是否能孤独地面对你自己，
在空寂的夜晚，你是否真正喜欢你结交的朋友。

你可以告诉他——

"家,不是一个地址,是最温暖、最亲近的港湾,走得再远,家都是心在牵挂和思念的地方。"

燃情打火机
爱火永不止熄

Special Present #10 打火机
Lighter

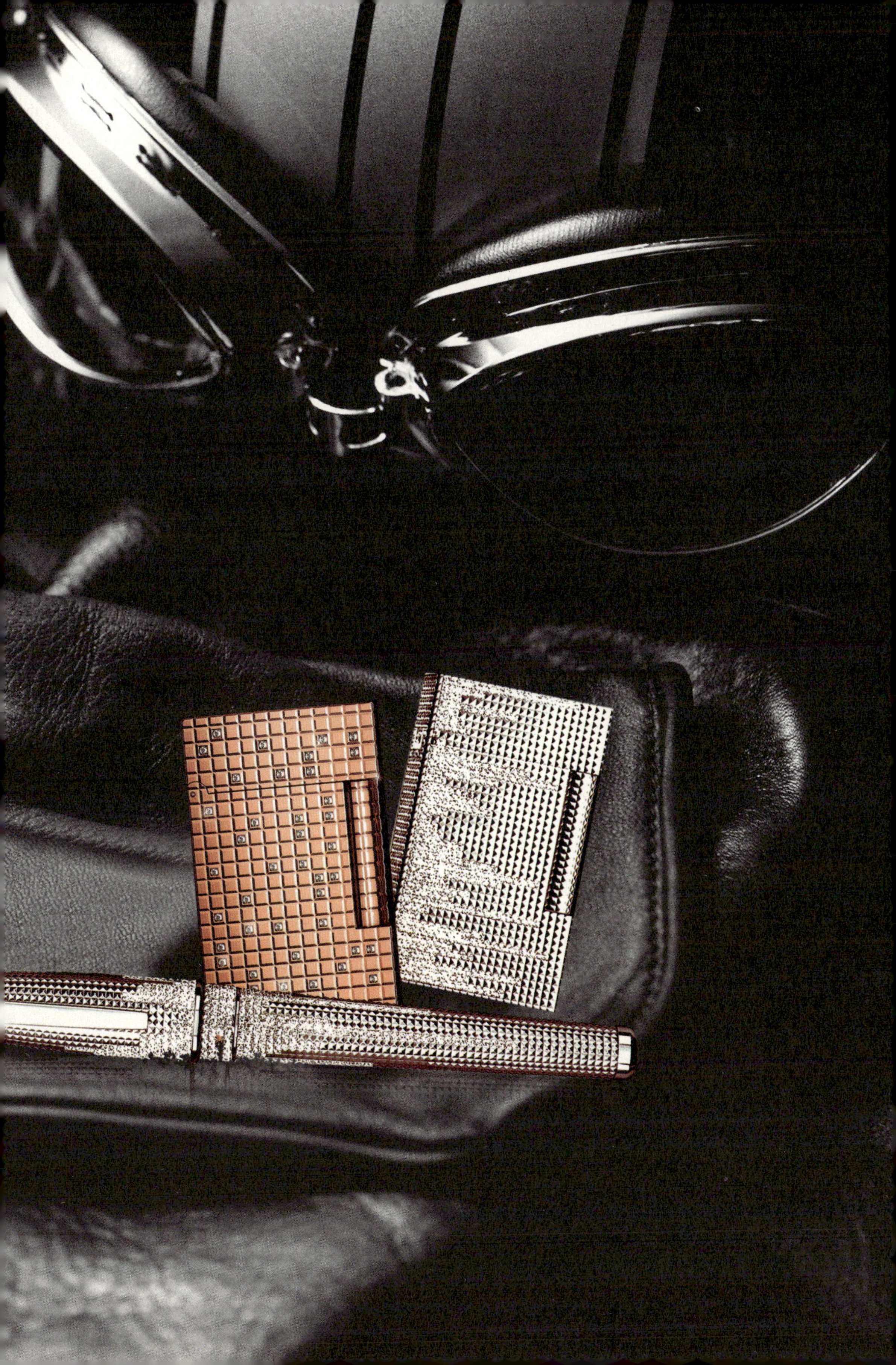

打火机寄托了男人渴望燃烧的原始欲望，它能够为男人提供火种、光明以及热能

打火机是为男人制造的物品，它散发着不可抗拒的雄性美，比如坚固、持久、唯美、品位等。

无论男人是否抽烟都会喜欢 Zippo

男人都有收藏它的愿望，或许是因为它向男人心中传播了火种，也或许是男人的心灵需要它带来温暖。

世界上从来没有第二个牌子的打火机像 Zippo 那样拥有如此众多的令人回味的故事。

当男人点燃打火机时，也会让激情燃烧起来

当女人送给男人一只 Zippo 时，表明你们之间即将擦出火花。

His Diary
以最特别的理由

打火机除了点烟，还能为男人做许多意想不到的事情：
在寒冷的时候它可以为你取暖；
在黑暗的时候它可以为你照明；
在饥饿的时候，它那宽大而沉稳的火苗可以为你煮熟食品；
在紧急情况下，
打火机还可以为你提供一切转危为安、绝处逢生的可能……
当世界上第一支燧发式转轮手枪问世不久，
第一只打火机也就出现了。
时间大约是在16世纪初，人们发明了用机械力量打火的手枪：
一个铁质的转轮，使用弹簧驱动旋转，
使轮面的粗糙纹路和一片黄铁矿石摩擦而产生火花。
直到现在，打火机依然保持这种打火装置的工作原理。
这就注定了打火机具有武器一样致命的吸引力，
它可以是男人的一支手枪，也可以是男人的一枚手榴弹。
在美国大片中，英雄点燃香烟，坏蛋向汽油点火，用的都是Zippo，
Zippo所代表的是深藏在男人心中的英雄情结。
对于男人来说，
人生的道路也许并不平坦，你有时会遇到暴风骤雨，
有时会经过沙漠冰川，有时会困在丛林沼泽……
但是，在任何艰难困苦的生存条件下，
只要你的兜里还有一只打火机，
那么你一定会点燃一线希望。

> 爱的故事

男人天生爱玩火

我出门必带两样东西：钥匙和打火机。带钥匙是为了回来时能打开门。带打火机？说实在的，我也不知道自己为什么非得把这玩意儿带在身上。

打火机最主要的用途是用来点烟的，可是我很少抽烟，也没有殷勤地给别人点烟的爱好。想一想，我为什么喜欢打火机？难道凡是男人就天生爱玩火？

中学时认识一个朋友，没有别的爱好，就是爱收藏打火机，到了如痴如醉的地步，后来有了经济条件，各种名牌打火机纷纷被其收归囊中。不仅如此，连一块钱一只的一次性打火机他也要，每次出差到外地的城市，所到每一个场合都忘不了四处搜集打火机。不幸有一次他储存打火机的房间失火，结果可想而知。从此他对打火机再也不感兴趣了。

我没收藏的爱好，知道的名牌打火机也仅"Zippo"、"Marlboro"等几个。我想之所以喜欢打火机可能是少年时代看多了西部牛仔片的缘故。牛仔们骑着高头大马，四处杀人放火。放火的镜头尤其潇洒，一只"Zippo"在牛仔裤上擦一下，随即扔到背后的汽油桶或成堆的木柴上，熊熊大火随即燃起……

现在城市里的男人越来越优雅、小资，他们只看《西雅图夜未眠》、《花样年华》这样的片子，牛仔片恐怕看都不屑看了。但男人毕竟是男人，骨子里总还是叛逆的、不羁的。杀人放火的想法是不敢有了，但是放一只打火机在上衣口袋不算违法吧？于是，你经常可以在酒吧、饭馆里看见某个男人在把玩一只打火机。

有人断言：爱用金色打火机的男人性格外向，追求奢华，喜欢炫耀；银色打火机的主人则可能比较安静内向，心思浪漫而细腻；而喜欢另类色彩如紫灰或黑色的，则多半个性独特，并以自己的独特为荣。我认为这是一种仅就颜色而言的臆测，男人会很在乎打火机的颜色？以我为例，我可能更在乎打火机的形状、质感，它必须是古朴的、金属的、清脆的，最重要的是，它要每打必着，不会令你在关键时刻尴尬。

我不是心理学家，但我敢断定，男人喜欢打火机其实是一种心理暗示行为。男人喜欢掌握、操纵一些事物，崇尚运筹帷幄、易如反掌的感觉。但非常遗憾的是，我们的社会不能为太多的男人创造这种机会，于是小小的一只打火机就成为男人精神上的一种寄托。一个把打火机紧紧抓在手里的男人，表面上看虽不动声色，但内心是非常焦虑的，对他而言，世界太大，欲望太多，当他心理脆弱的时候，唯一能牢牢把握的，可能也只有这一只打火机了。（佚　名）

> 男人喜欢打火机其实是一种心理暗示行为。
> 男人喜欢掌握、操纵一些事物，崇尚运筹帷幄、易如反掌的感觉。

爱的主题

铿锵之火

作为一个男人，无论你手里有一部多么酷的手机，也不能说明什么问题。可是，如果你能从兜里掏出一只打火机——我是说，Zippo（芝宝）或者 Dupont（都彭），那就令人肃然起敬了。

先是奔放的"叮"的一声，机盖打开了；接着是豪迈的"嚓"的一声，升起了猛烈而垂直的火焰；然后又是铿锵有力的"当"的一声，合上机盖。——在这个不同凡响的时刻，相信你一定会把在场最漂亮的那位异性的目光吸引过来。如果你有兴致现场教她几招打火机的玩法，那实在不失为一件有趣的事。当你专心致志地按着火轮时，那个女人的目光也许早已从火苗移向你的眼睛……

打火机凝聚了锻造、齿轮、弹簧、摩擦、燃烧等物理学和化学的基本元素，这个火柴盒大小的金属方块，有着20多个零件和一定的燃料，散发着不可抗拒的雄性美学，比如坚固，比如持久……一个男人的段位，有时候不一定取决于他所拥有的物品的价值和体积，在某种程度上说，一只打火机的美学价值绝不亚于一架私人飞机。

从普罗米修斯盗火的故事开始，火种就是人类崇拜的一种图腾，它照耀人类迈开了从蒙昧走向文明的第一步。打火机寄托了男人渴望燃烧的原始欲望，它能够为男人提供火种、光明以及热能。当一个男人的品位达到一定的高度时，他一定会觉得自己应该需要一只像样的打火机了。

在女人面前，男人最不体面的一件事情，也许就是在抽烟的时候掏出一只廉价的一次性塑料打火机。如果你的品位还没有精致到选择一只Dupont或者Zippo，那么，即使你开着一辆新款宝马跑车，充其量也只不过是富裕的标志。

据说，香水是男人送给女人的首选礼物，领带是女人送给男人的首选礼物——当一个女人向你送领带时，说明这个女人已经喜欢上了你；可是，当一个女人送给你的是一只打火机，那么说明她对你的爱已经一触即燃！（陈耀明）

> 当一个女人送给你的是一只打火机，
> 那么说明她对你的爱已经一触即燃！

在最浪漫的时刻

● 在你想送给他一件男性化玩具的时候，送他Zippo
每一个男人在孩提时代，都有驾驭机器、驰骋天下的理想，于是，小小的Zippo成为男人精神上的一种寄托。Zippo将男人的心紧紧抓住，就是不吸烟的人玩起它也有一种满足感。

● 在你想表达激情与浪漫的时候，送他Zippo
当男人从袋中摸出一只沉甸甸的Zippo，在手中稍一掂量，"砰"的一声翻开顶盖，轻转燧轮，红色火苗猛然浮起，点燃一支香烟，生活的乐趣或许尽在这阵蓝色的烟雾之中，你们的爱情，或许就此被点燃。

● 当你想送他一件让他难以忘记的收藏品时，可以送他Zippo
Zippo之所以迷人，除了它的功能以外，还有它迷人的响声、精美的造型和珍贵的材质。Zippo经历了几百年的发展，早已不仅仅是单纯的点烟工具，更是一件珍贵的收藏品。

Zippo 的 N 种玩法

据专家说，要发挥 Zippo 的最大魅力是需要以点火时的姿势来配合的。因此，点火时的手法也分为无知、初级、中级、上级、顶级之界。其表现在于你是否像孩子一样地点火、以双手点火、以单手点火，抑或是以顶级的空中翻滚式点火。Zippo 的玩法大概有几百种。

玩法一：瞬间

将 Zippo 底部放在拇指上，食指和中指放在盖子上，使铰链面向你，稳稳地固定住 Zippo。接下来，快速地把食指和中指向着有铰链的一边下滑，并抓住打火机的侧面，拇指在另一侧。如果这个动作正确的话，打火机盖子就会打开了。（小心不要让 Zippo 飞出房间！）盖子打开后，转动燧轮打火。

玩法二：环世界

将 Zippo 的底部面向你，有铰链的一边向上，用指关节环着打火机的右边。其他的边用中指和拇指轻轻地包着。接下来推动中指，其他的手指放在盖子上，迅速地使 Zippo 翻转至底部向上，轻轻地放开你的中指、食指和拇指，一旦 Zippo 打开，用你的中指转动燧轮。这种打法更适用于旧的 Zippo 打火机。

玩法三：游龙

铰链向下，用中指、食指和无名指稳稳地固定住 Zippo。当你打开盖子使 Zippo 向下时，要有足够的把握用手指控制住打火机的盖子。迷人的 Zippo 就在你的无名指和中指之间翻动，再用拇指转动燧轮打火。

你可以告诉他——

"生活、事业，人的一切都需要一种激情，就像打火机燃烧的火苗，给人带来热度与希望。"

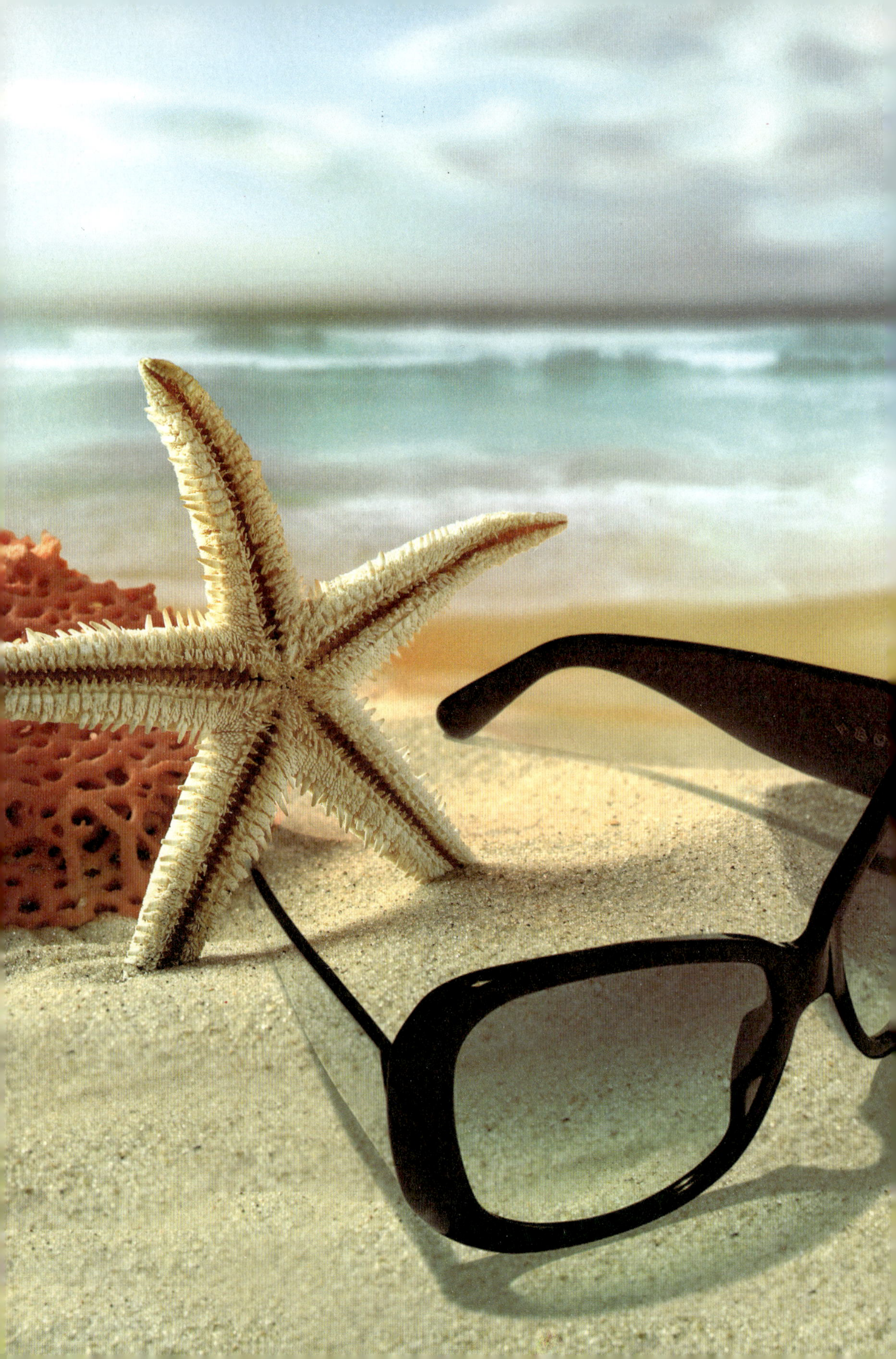

型格太阳镜
恋上你的眼神

Sun Glasses

Special Present #11 太阳镜

太阳镜早就不仅仅是一种护眼的实用工具，
而是男人脸上的时尚标签，
时髦男士往往拥有不止一副流行的太阳镜

太阳镜在永恒中透出时尚的气息，
可以尽显西装革履的男人的古典高雅，
以及青春活泼、乐于表现自我的男人的十足个性、阳光魅力……

女人迷恋男人的眼睛，每每看到不同的眼睛，
捕捉到不同的凝视的眼神，常常就会安然沉醉其中，
也许男人的眼睛是女人进入他们心灵的窗口

女人最盼望的，是某一天，会读懂某个人眼睛里的最真的爱情。
相互注视而能读懂对方的眼睛，
把人带入一个神奇而美丽的空间——默契

心意的相互契合，能使人走向深刻和丰富，
还能诱发人的想象力和创造力，深化人的内心世界。

His Diary

以最特别的理由

我的心是旷野的鸟,
已经在你的眼睛里找到了天空,
你的眼睛是早晨的摇篮,
你的眼睛是繁星的王国,
我的歌曲消失在你眼睛的深处。

就让我翱翔在那一片天空里罢,
翱翔在那一片孤寂无限的空间里,
就让我排开它朵朵的云彩,
在它的阳光里展翅翱翔。

(泰戈尔)

爱的故事

凝 视

　　凝视不仅仅是一个动作，也是一种心情的流露，还是一份被认可的感受。

　　人无法接受目光所拒绝的东西，也难以回绝视线追随的形象，"视而不见"只是一种心灵的排斥。

　　目光在漫漫的游程中，突然凝固于一点，感情不知不觉倾泻而出。不带热情的凝视是不存在的，不动声色地凝视，并非没有感情，只是不曾表露罢了，或许内心正在澎湃如海！明察秋毫地理智观看，也融着凝视者那份渴望相知的急切心情。

　　更不用说那"情人眼里出西施"了。

　　曾读过一个日本故事，一位好琴师美如惊鸿，她的情人非常爱她，每日不倦地凝视着她，为她的美所陶醉。一次意外的灾祸使女琴师毁了容颜，他为了让她的美丽在自己的眼中永恒，便毅然弄瞎了双眼，以他的爱来凝视她、照耀她。

　　这首绝唱便是真情的浓缩。

　　平凡的你我，失望灰心时，挚友眼中那份鼓励就是你的信心与耐力之源。迷惑忧郁时，父母越过饭桌的凝视就是一份爱的流露。即使在陌生的地方，一个陌生的人，对你和善友好的一瞥，也会让你感到这个世界的细致动人之处。

有的时候，我突然明白，其实什么都没变，改变的只是人，只是我自己和不再回头的时间。我暗自伤怀之时，却惊觉对面的人正静静地凝视着我，他一言不发，可凝视的目光，分明是深深的理解。

当有某个想法，某种感觉，某样情绪，不用口道出，他就会从相视的眼中读到它们。会意的一笑中，那种默契如风拂过海面，在心头漾起涟漪……

还有那种超越时间的凝视，夜深人静读一本好书，作者似乎正越过千年的沧桑，微笑地注视着你，谈到会心处，一种蓦然回首的感觉，一种不再是孤独的欣慰，便笼罩了你……

阳光，是太阳对大地的凝视；青春，是时光对生命的凝视；同情，是善良对昔日的凝视。

你的美丽，是我的凝视。　（霜　梅）

> 不带热情的凝视是不存在的，
> 不动声色地凝视，并非没有感情，
> 只是不曾表露罢了，或许内心正在澎湃如海！

爱的主题

心的驻足

　　山的沉稳水的灵动构造出了那如诗一般的意境；花的优美蝶的舞动展现了那蝶花之间瞬间的美妙；鸟的身姿云的轻飘刻画了那如梦一般的和谐与自由。

　　美的东西身边到处都是，对于我们的眼睛，不是缺少美，而缺少发现。我们生活在精彩缤纷的世界里，身边经历了很多精彩时刻，当我们走过时一切都成为了过眼云烟。其实，经历生活中每一件事，只要稍作停留，美妙的事物就会洗涤你的心灵。

　　心在于倾听。田间的蛙声，林中的鸟声，都是自然的音符，聆听它们的声音，你就会领悟到大自然的和谐，世间事物是如此美妙，也许就会解封你冰封的心灵。去享受自然的音乐，内心深处就会吸收那永恒的"电波"，那不就是心灵的一次刷新？

　　心在于停留，山水如画，停留片刻也许你就是画中一景，古人云："你在桥上看风景，看风景的人在窗口看你。"其实，生活中不是缺少美，而是缺少停留。不信，朋友，放慢你的脚步，你会发现世界色彩如此动人，自然的天籁如此动听！冰心老人为夕阳下的一瞬间而热泪盈眶，郁达夫从扫帚扫过的条纹中感到无尽落寞，老舍为一只麻雀而或喜或悲，苏东坡因一梦而写出《江城子》这一千古传诵的诗篇……他们之所以如此动情，是因为他们懂得解冻自己冰封的心灵，放慢脚步，用心去聆听自然的心声，用心去发现世界的色彩。

  心在于选择，世间之大，无奇不有，糟粕与精华浑然一体，如何选择，心为主。心灵需要精华的洗礼，心灵需要美的灌溉，摒弃糟粕取其精华，让心灵更加纯洁，去倾听、欣赏自然的幻妙。

  哲人说："一沙一世界。"佛家说："一叶一菩提。"让我们敞开心扉，放慢脚步，去感受每一缕微风，淋浴每一丝阳光，呼吸一下清爽的空气，听一听溪水的歌声，不错过人生每一处精彩！（佚　名）

> 美的东西身边到处都是，
> 对于我们的眼睛，不是缺少美，而是缺少发现。

一定有一双忧郁的眸子

一定有一双忧郁的眸子,在远方看着我姗姗离去的背影。
微风拂起,夕阳在我盘膝而坐的意识里,缓缓沉落。
一定有一双忧郁的眸子,在远方看着这一切,
看着日落,它沉静而辉煌地落下去,落下去。
是的,在一生的尽头,就应该这样离去,
沉着而漫不经心地进行。如一场恋爱。
并不想说什么。不想问从你眼中升起的,
是往昔的湖水,还是今宵的月落。
今夜无风亦无雨。让我们手按横笛,听清远方的韵律悠悠飘散。
一定有一双忧郁的眸子在我心里掠过。
如微风掠过小草,柔柔地,把它的目光投向天空。
我,心中的一切因这目光而清晰。

你可以告诉他——

"我喜欢默默地被你注视默默地注视你，
我渴望深深地被你爱着深深地爱着你"

浓醇咖啡
只为懂它的人涌动暗香

Special Present #12 咖啡

Coffee

男人热爱咖啡。"咖啡"一词源自希腊语"Kaweh",
意思是"力量与热情"

作为一种饮料,咖啡带给人们的是享受、健康、振奋;

作为一种文化,咖啡熏陶出男人独有的优雅浪漫、凝重有力的品质。

男人喝咖啡的时候最迷人——他必然是悠闲时,

才会冲一杯咖啡,忙得焦头烂额的男人难得有机会放松

这个时候的他,不急不躁、沉稳安静,令人心动……

一个好男人就像一杯热咖啡

捧在手里,暖暖的可以温透手背;闭目呼吸,清香直逼肺腑。

His Diary
以最特别的理由

咖啡，可以是任何一个清晨、任何一次偶然，
或任何一段新的人生历程的开始。
这样的情节与安排，用一杯咖啡，一部老电影，
已足以让我们在长夜里温暖地回味余情。
有人说咖啡可以用来回忆，有人说咖啡能叫人清醒。
闲暇时它清香，快乐时它甜蜜，
悲伤时它苦涩，伤心时它酸楚，好似人间的爱情。
咖啡会不会是一杯爱？
捧着自己的咖啡，如同望着自己的情人，
眼光半是满足半是寂寞，用勺子搅啊搅，
想一口吞下去，又怕喝干了它，
于是暂时放下，任由它溢出的暗香在口鼻周围萦绕
——它代表的是生活的气息和生命的冲动。

爱的故事

咖啡伴侣

离婚的时候,他一直相信自己会很快忘记她。

他们只不过共同生活了3年,而在此之前,他已经独立生活了整整30年。回到独身,不过是回到从前,一切都没有变化,有什么不能割舍?况且,他一向自知,并不是一个多情敏感的人。

他想他会一样地上班,一样地工作,一样地娱乐,一样地生活下去。

但,事实完全不是那个样子。

首先是他再也无法平静地喝完任何一杯咖啡。

只因为,喝咖啡是她教会他的。她对喝咖啡极其讲究,讲究得近乎苛求。一定要选最新最好的咖啡豆,亲自手磨,火煮,用全套海格雷骨瓷杯碟盛放,奶精蔗糖调饮。

许多个阳光明媚的午后,她微微笑着,披一头新洗的长发——她习惯天天洗头,在他记忆中她的头发永远濡湿闪亮——细细地摇磨咖啡豆。

当咖啡新熟,香气氤氲便同她的笑容一并绽开,她慵懒地笑:"有咖啡有伴侣,真是美好人生。"

只有他知道,此"伴侣"不是"咖啡伴侣",而是特指他。

他常常为她这些小小的机智而惊奇，而感动，而开心。

他们的确有过相当亲昵相当愉快的日子。

但是今天，往事不再，于是，咖啡亦不再。

他从此不能忍受速溶咖啡的粗枝大叶，亦不能忍受女人头上的碎屑与断发。每当闻到咖啡香，他的眼前就会浮现出她一头水亮的长发，万缕千丝，都是相思。

咖啡如此之苦，而他竟不能不饮。原来咖啡亦如吗啡，喝久了便会上瘾，虽深知其苦而不能戒。

他终于知道，他再也回不到从前。不知从什么时候，他早已不再是他自己，而只沦为她的咖啡伴侣。一旦咖啡不再，伴侣也就失去了独自存在的意义，从此失味。

其实，每一桩婚姻，都会铭刻下类似于咖啡与长发的记忆，而每一个经过婚姻洗礼的人，都难以完整地走向未来，彻底忘记他的咖啡伴侣。

（西岭雪）

> 其实，每一桩婚姻，都会铭刻下类似于咖啡与长发的记忆，
> 而每一个经过婚姻洗礼的人，
> 都难以完整地走向未来，彻底忘记他的咖啡伴侣。

爱的主题

咖啡与爱情

忘了有多久没喝咖啡了，以为已渐渐地戒了这种对身体并没太大好处的饮料。一次偶尔的接触，才发现原来并未遗忘，那悠悠的香味，淡淡的苦涩，感受着它滑过舌间时如丝的滑腻，流过咽喉时刹那的滚烫，享受着它带来的温存，这时才猛然发现，原来已经不能将它当饮料了。

"爱情不是生活的全部，只是生活的调味剂。"不知道谁这样说过。也许，爱情对一些人而言，就像咖啡对那些早餐时漫不经心地冲一杯雀巢咖啡的人一样无关紧要。咖啡只是一种能让他们驱除睡眠不足所带来的后遗症的并不算难吃的药，而这药是冷是热、是苦是甜，也许他们并没有在意过。

懂得欣赏咖啡的人，才会懂得品味咖啡，他们懂得欣赏巴西圣多斯的纯净柔滑，欣赏哥伦比亚特级略酸的余味，欣赏法式焙制的深涩与苦味，欣赏墨西哥特级柔和的口感，他们更懂得珍惜牙买加蓝山咖啡的珍贵。同样，懂得品味爱情的人，才会真正用心去体会法国式的浪漫，体会英国式的传统，体会美国式的豪放，体会中国式的坚贞，才会更懂得如何用心去呵护一份来之不易的爱情。爱情和咖啡，只为懂它们的人而美丽。

享受咖啡的过程，由烹制开始，当你看着透明的壶体内宁静的水面开始慢慢涌动，那透明的液体渐渐被染成迷人的深褐色，阵阵的清香充斥着房间的每个角落，你会深切体会到这个过程是多么美丽；而爱情，也只有经历两个人从相识，相知，渐渐地心动，羞涩地表达，欣喜地接纳，到全心全意地相爱，才能真正体会到它的美好。爱情和咖啡，只为愿意投入的人而美丽。

会喝咖啡的人，懂得品味纯咖啡的苦涩，更懂得牛奶能增加咖啡的香浓，冰糖能增加咖啡的甘甜，知道如何用奶油调制欧蕾，如何用巧克力糖浆调制巴巴利安，如何用鲜奶调制卡布奇诺；懂得爱情的人，也知道何时该体贴，何时该撒娇，何时该关心，何时该信任，又何时，该一个人静静地回味。爱情和咖啡，经过适当地调剂，会更美丽。

咖啡就是咖啡，它不是解渴的饮料，不是提神的药品，它需要你全心全意地对待，而回报你的，是全身心的温暖与满足；爱情更是如此，它不是生活的调料，不是无聊的游戏，它更需要你的投入，需要你的呵护，而它所带给你的，则是一辈子心灵上的温存与安宁。

永远不要让你的咖啡冷却，慢慢地加热，让它保持应有的温度，你才能慢慢欣赏它苦涩的甘味，体会它的美，更别往咖啡里加冰块，连杯子都会为此哭泣；而爱情，需要你不时地去温暖，去加热，即使它常常让你感到苦涩，但它的甘美，却值得你用一生去换取、去回味。（佚 名）

爱情，是一杯咖啡，一杯值得你喝一生的咖啡。
但同样，是一杯需要你用心去喝的咖啡。

咖啡在故事中总是无形的开场白

当咖啡遇到文字

巴尔扎克在《咖啡的乐趣与痛苦》中写道：这种咖啡一下肚，就会马上引起一阵骚动。思绪就会像战场上大军的队伍一样开始运动，战斗开始了。记忆中的事物带着一阵风疾驰而来，比较的轻骑兵展开了精彩的部署，推理的大炮与它们的辎重和弹药一起紧急前进，一道道的智慧就像神枪手一样开始射击。

当咖啡遇到电影

在《走出非洲》中，梅丽尔·斯特里普塑造了一个勇敢坚强，独自在非洲广袤的土地上经营咖啡园的贵族女子，她把自己的青春和爱情留在了这里。相信很多人都看过那张表现她与男主人公坐在田地里的大海报，却很少有人留意到，他们是在喝咖啡。

当咖啡遇到名人

有一段时间，毕加索常在巴塞罗那的"四只猫"咖啡馆消磨时光。他一边喝着咖啡，一边为身边的朋友画十分夸张古怪的漫画肖像，然后张贴在店墙上……

你可以告诉他——

"我想象在一个宁静的午后,我们在一起,
看着褐色的咖啡豆从慢慢摇着的手磨中变成细细的颗粒,
变成飘着咖啡油的黑咖啡,
再变成口中混着奶香、甘醇和一丝丝苦涩的柔和饮品。"

两个人的烛光晚餐
享受平凡爱情中的浪漫时光

烛光晚餐

Candlelight
Special Present #13
Dinner

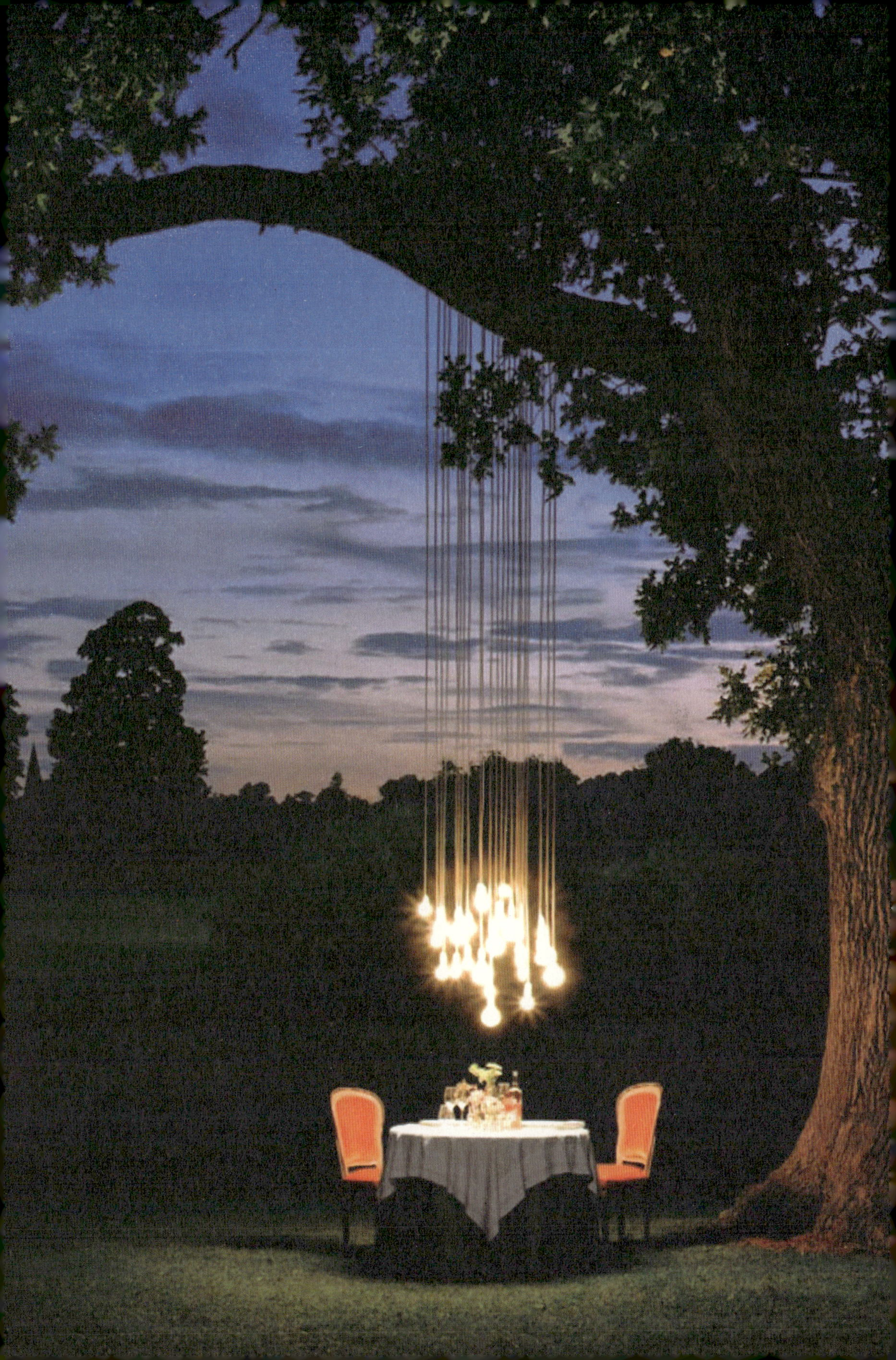

点燃蜡烛——这一小小的动作立刻给室内带来无穷生气

在光影的完美搭配中，梦幻般的烛光产生的神奇效果，
带来一丝丝怀旧的气息。

烹饪和品尝食物需要调动人们的全部感官，
而蜡烛的点缀，可以增添进餐的情趣

闪动的烛焰能把简陋的桌子变成一场视觉的盛宴。
烛光晚餐，是很多女人在心中勾勒过无数次，与恋人共度的一个梦境。

女性爱的情调：鲜花、烛光晚餐、生日惊喜、
海滨漫步、夕阳草原、郊夜星空、异国之旅等

爱情，是由一系列细节组成的。
而情调，正是这些细节的具体体现。

His Diary
以最特别的理由

进餐可以是一件非常浪漫的事情。
美丽的烛光，映照着闪亮的玻璃和精致的瓷器，
将恋人带入一个舒适、诱人、暧昧亲热的私密空间。
点点烛光，缕缕清香，
在玫瑰、茉莉、依兰的芬芳中，
心情享受感官的盛宴。
在烛光中，
生命与食物的关系不再是简单的生存需要，
生活获得一种更温情的意义。
剪一段烛光，
即使不能照亮整个世界，
也会温暖你的心灵。

爱的故事

我不会为一朵花选择死亡的 N 个理由

　　老公是学理科的，当初喜欢他，是因为他的稳重，依靠在他的肩上有暖暖的踏实，三年的恋爱，两年的婚姻，而我已倦了。当初的喜欢，是现在倦他的根源，我是个感性的小女人，敏感细腻，渴望浪漫，如孩提时代渴望美丽的糖果。而他，却天性不善于制造浪漫，木讷到让我感受不到爱的气息。

　　某天，终于鼓起勇气说："我们分手吧。"他问："为什么？"我说："倦了，就不需要理由了。"

　　一个晚上，他只抽烟不说话。我的心越来越凉，连挽留都不会表达的男人，他能给我什么样的快乐？他说："怎么做，你才可以改变？"我暗想，我已经不对他抱什么希望了。

　　望着他的眼睛，我慢慢地说："回答一个问题，如果你能答到我心里就可以；比如我非常喜欢悬崖上的一朵花，而你去摘的结果是百分之百会死亡，你会不会摘给我？"

　　他说："明天早晨告诉你答案好吗？"我的心灰下去。

　　早晨醒来，他已经不在，只有一张写满字的纸压在温热的牛奶杯子下

136

面。

第一行，就让我的心凉透了。

亲爱的，我不会去摘，但请容许我陈述不去摘的理由：你只会用计算机打字，却总把程序弄得一塌糊涂，然后对着键盘哭，我要留着手指给你整理程序；你出门总是忘记带钥匙，我要留着双脚跑回来给你开门；酷爱旅游的你在自己的城市里都常常迷路，我要留着眼睛给你带路；每月"好朋友"光临时，你总是全身冰凉，还肚子疼，我要留着掌心温暖你的小腹；你不爱出门，我担心你会患上自闭症，留着嘴巴驱赶你的寂寞；你总是盯着计算机，眼睛给糟蹋得不太好了，我要好好活着，等你老了，给你修剪指甲，帮你拔掉让你懊恼的白发，拉着你的手，在海边享受美好的阳光和柔软的沙滩，告诉你一朵花的颜色，像你青春的脸……所以，在我不能确定有人比我更爱你以前我不想摘那朵花……

我的泪滴在纸上，形成晶莹的花朵，抹净泪，继续往下看：

亲爱的，如果你已经看完了，答案还让你满意，请你开门吧，我正站在门外，手里提着你喜欢吃的鲜奶面包……

拉开门，我看见他的脸，紧张得像个孩子，只会把捏着面包的手在我眼前晃晃。是的，我确定，没人比他更爱我，所以我再也不想要那朵花了。

这就是爱情或者生活，被幸福平静包围时，一些平凡的爱意，总被渴望激情浪漫的心忽略，爱在他因你而起的许多个微不足道的动作里，从来就没有固定的模式，只要爱，可以是任何一种平淡无奇的形式。花朵、浪漫，不过是浮在生活表面的浅浅点缀，它们的下面才是我们的生活。（佚名）

> 花朵、浪漫，不过是浮在生活表面的浅浅点缀，
> 它们的下面才是我们的生活。

爱的主题

男人10个浪漫瞬间 Vs10+1个不浪漫的永远

1. 瞬间：大雨中，他突然扔掉雨伞，跑到大街中央，伸出双臂，像梅尔·吉布森一样高喊："Freedom!"——当然，这是在半夜，白天的大街上，响着的是汽车喇叭。

永远：天有点阴，他嘱咐她带着雨伞出门："可能要下雨，嗯，如果不下雨，你还可以把它当拐杖嘛。"

2. 瞬间：她生日的那天，回到家，他毫无表情地坐在沙发上看报纸。她恼怒地打开冰箱，准备做晚饭，却看见一个大大的生日蛋糕，她回头望他，他满脸笑意。

永远：她生日的那天，回到家，他毫无表情地坐在沙发上看报纸。她恼怒地打开冰箱，却看见一大堆"康师傅"方便面——"今天超市打折，"他说，"而且好像也是你的生日。"

3. 瞬间：山顶，她突然感觉有点冷，哆嗦了一下，他立刻脱下自己的外套披在她身上。

永远：山顶，她突然感觉有点冷，哆嗦了一下，身边的他，看了她一眼，说："哦，幸好我早上加了件衣服，还好！"——他一边说一边拉紧领口的围巾。

4. 瞬间：看恐怖电影，剧情紧张之处，她"啊"的一声，扑到他的怀里。

永远：看恐怖电影，剧情紧张之处，他"啊"的一声，扑到她的怀里。

5. 瞬间：吃晚饭的时候，小区突然停电。他却神奇地拿出蜡烛，然后将"随身听"插上耳麦，房间里飘荡出悠扬的乐曲，让她怀疑停电也是他策划的一次甜蜜。

永远：吃晚饭的时候，小区突然停电。他先花20分钟，终于搞明白小区确实停电了；又花20分钟，才相信不是因为她没交电费而停的电；但他还不气馁，最后花了20分钟让她明白，她今天做的菜，太咸！

6. 瞬间：情人节，她和他去听音乐会，没买上票。他说："我们走回家吧，我们一边走，我一边为你唱歌，好吗？"

永远：情人节，她和他去听音乐会，没买上票。他说："听着，我有个好主意——我们打车回家看电视去，歇着，那多舒服啊。"

7. 瞬间：他的钱包里，夹着一张她的照片，照片上的她，笑靥如花。

永远：他的钱包里，一张《盟军敢死队2》的游戏卡取代了她的照片。

8. 瞬间：他送给她钻石。

永远：他送给她"钻石卡"——凭此卡享受某健美俱乐部"钻石"级会员待遇，说不定她会减肥成功。

9. 瞬间：她收到一封匿名的情书，然后，她一辈子都在想这是谁写的。

永远：她收到一封匿名情书，她一看就知道是他写的——他以为这么做，很浪漫很幽默。

10. 瞬间：她问他："什么是浪漫？"他以吻封缄。

永远：她问他："什么是浪漫？"他以呼噜回答。

11. 永远：爱，是恒久忍耐——与浪漫无关。

人活着不是单靠食物

人活着不是单靠食物，
还要靠美与和谐，真与善，工作与娱乐，爱与友情，仰望与崇敬。
人活着不是单靠食物，
还要有夜晚壮丽的苍穹，拂晓辉煌的天空，
日落时五彩缤纷的晚霞，可爱的木兰花，雄伟的山岳。
人活着不是单靠食物，
还要有巨浪拍岸的雄姿，湖上月光的闪烁，
山上银色的湍流，雪花奇妙多变的结晶，艺术家的创作。
人活着不是单靠食物，
还要有反舌鸟甜美的歌声，风吹林间的瑟瑟声，
小提琴美妙的音乐，柔美灯火照耀着的教堂所展示的崇高。
人活着不是单靠食物，
还要有玫瑰的芳香，菊花的清香，新收的稻草香，
朋友的握手，母亲温柔的一吻。
人活着不是单靠食物，
还要有诗人的抒情，哲人的智慧，圣者的圣善，伟大人物的传奇。
人活着不是单靠食物，
还要有狂欢与探险，追寻与发现，服务与分享，爱人与被爱。

你可以告诉他——

"在你与我之间，
永远共存一种默契，一种浪漫，一种情调。
只要用心去营造、编织，
我们的生活就会处处流光溢彩。"

"温暖牌"手套
　　放我的真心在你的手心

Special Present #14 手套

Gloves

中国男人最让人心动的，是他们的手
一个成功的、有修养的、内敛的、优秀而迷人的男人，
他的手展现着他个人的魅力，并记录他生活的点点信息。

女人爱挽男人的手
如果你和他在走路时，总是喜欢亲密地挽着他的手，
或是触碰他的身体，说明你和他的心理距离已大大缩短，
你已不在乎他侵入你的"势力范围"。

有一个凝重而伤感的词语叫——牵手
牵手的爱情是默契的深情，是所有语言都无法描绘的真实，
是世界上最动人的感情。

His Diary
以最特别的理由

真正的爱情，
不是情人节的那一束昂贵的玫瑰，
是在疲惫时为你按摩双脚的那份心疼，
是拉过你冻得冰凉的双手，放在自己掌心的那份怜惜，
是你无理取闹时那宽容的微笑，
是你不经意的一句话，他却能在心中记牢。
真正的爱情，
是顺境时的相互体贴，
是困境时的不离不弃。
知心的爱人，
不是锦上的那朵花，
而是雪中的那盆炭。
真正的浪漫，
是和相爱的人一起慢慢变老，
直到老得哪儿也去不了，他还依然把你当成手心里的宝。

爱的故事

忆前程

　　那是偶然提起的，父亲说，一辈子，再没见过比那年更大的雪了，那年他13岁。

　　白天下，夜里下，大团大团的雪，打在屋顶上扑通扑通，房子像要塌了。村里绝无行人，连狗都不吠。

　　这样大的雪，父亲还是每天去镇里上学。镇叫柿子树店，两三里路程吧。大雪及膝，淹了村道，他便提一把木锨，边铲雪，边清出一条小路。雪粒飞了起来，硬如沙石，打痛了他的脸。他心里着急，别迟到了。

　　小学校的门大开着，可是教室里没有人，火还没生上。父亲规规矩矩地坐在自己的座位上，用冻僵的手掏出课本来，一字一字认真地念着。

　　没有钟，天上也没有太阳，不知道几点了，只是肚子饿得咕咕咕。远处有门"吱"的一声，一位老师从教室门口走过，不经意间看见他，愣住了。

　　是没教过他的老师，此刻，也没问他的名字，默默转身，端了一碗热腾腾的糊糊出来，给他。父亲大口大口地喝着，一条温暖的河流穿过身体。老师说："这几天雪太大，不上课，你回去吧。"

"几天"是几天？乡下孩子只愁自己闭塞，怕学校开了课也不知道，仍然天天跑来上学。

渐渐地，从家到学校，一条细长的路，隐约成形，连大雪也不能掩埋。

就在同时，远远的河南，有个12岁的女孩，也在雪地里艰难地跋涉着，上学去——而她，是我的母亲。学校也在镇上，离母亲家五里。

已经记不清那一年的雪势了，她只记得，早上沿村叫同学上学，家家都是大人出来说："雪太大，今儿不去了。"总是只有她，小小的一个人，在雪地里艰难行进。

统共没来几个同学，都是镇上的、干部的孩子，有些裹在里外三新的花棉袄里，像过年。老师懒得教新课，就叫所有年级的学生一起，围炉而坐，念课文。

念书念得手冷，同桌把手插进她袋中取暖，惊叫："呀，这是啥呀？这么冷。石头？"

母亲不好意思地笑着说："是红薯馍馍，我的中午饭。"

十几天的大雪天气，我的父亲与母亲，没有落过一天课。

8年后，他们在大学里相遇。

谁说夫妻日子越久会越相似？那相似其实早已开始。只有桃花才会开在春风里，骆驼才会懂得恋慕甘泉，而一样的鸟儿，才可以一起飞。

若你这般温柔地握住我的手，是因为我掌中所有茧的记忆，你能懂。

——相遇，从来不是偶然的。（叶倾城）

细节

在一起时，总会淡忘一些细节。
分手之后，一个人坐在屋子里，播放音乐，发现唱盘是你送的；
靠在椅子上，软软的，想起你为了买这个靠垫，
曾经顶着火辣辣的太阳跑了很多商店，
只是因为有一次我打完字，说背好疼；
地板很干净，还是昨天分手时，你花了一下午的时间替我拖的；
书桌上的小说的底稿，上面有细细的钢笔字，是你的修改意见；
中午，我饿了，去做那个好吃的热狗，
当完成最后一道程序，突然记起，
这还是我们第一次一起吃饭时，你教我做的，
你说这是可以应急的快餐，还非常好吃；
打开抽屉，是好几大盒子冬凌草片，
你对我说过，嗓子疼不能老吃西药，中药对身体没有副作用。
我不想看到这些细节，以免动摇我离开你的决心，于是抬起头。
这时我看见房顶上糊的那张白纸，那是有一次房子漏雨，
房顶上留下了痕迹，你说用白纸挡挡总比黄色的印子好，
说完，你踩着凳子，帮我把房顶糊好。
因为这些细节，每次让我同你说分手总是超不过一天。
和好后，依然会吵吵闹闹，依然会有新的细节出现，
正是这些细节使普通的爱情变得不平凡起来。
世上优秀的人很多，但让我想起细节的人却没有几个。
你不知道，让我同你无法分手的，正是这些让我感动的细节。
这些细节锁定了我们的情缘，成就了一种永远的东西，
在你我之间。 （叶细细）

爱的主题

执子之手，与子偕老

　　一直欣赏这样一种爱情——没有太多的轰轰烈烈、惊天动地，有的是像流水一样绵延不断的感觉；没有太多的海誓山盟、花前月下，有的是相对无言、眼波如流的默契……这该是一种"执子之手，与子偕老"的感觉吧，在陌生的人群中，在迷失和彷徨间，你却始终安详而从容——因为你知道，冥冥之中，自有一双属于你的双手，它们紧紧地握住你，陪你走过所有的阴天和所有的艳阳天，直到一生一世。

　　在我们平凡的生命里，本来就没有那么多一见钟情，没有那么多甜蜜得催人泪下、痛苦得山崩地裂的爱情故事；在万丈红尘中，我们扮演的是自己，一些平凡的普通人。于是我们珍惜爱情，珍惜迎面而来的并不惊心动魄的感情。

　　在这样的爱情故事里，男主人公和女主人公最初可能会像陌生人一样擦肩而过，或是像最平常的朋友一样，见面只打一声招呼，笑一笑，然后远去。之后有一天，在暮色里，你忽然发现那个人的背影竟是如此的让你心动；一种让你心疼的怜惜就这样不经意地撞中了你，你这才发现，不知不觉地，习惯了擦身而过的他或她已经走入了你的生命，于是你们就开始了一段美丽的爱情。

爱情都是美丽的，虽然你们的爱情或许并不动人；恋爱中的人们都是美丽的，虽然你们都很平凡。舒婷描绘过这样一道风景——大街上，一个安详的老妇人和一个从容的老人微笑着，从不同的方向面对面地走近，走近；然后是微笑着，鼻尖顶着鼻尖地站着，双手紧紧地握在一起，身后西下的斜阳把他们的头发和笑容染成一片暖暖的黄色，身旁的人们被他们的幸福染成一片温暖。

起初你们还在怀疑这种爱情，因为它毕竟不像当初设想的那样完美、那样精致、那样浪漫。那只是淡淡的一种感觉，没有大喜大悲，没有九百九十九朵玫瑰也没有魂断蓝桥——只是一种手牵着手并肩漫步的感觉。他们说婚姻是一座围城，进去了的想出来；而你们就这样手牵着手，坦然地一起走入围城里，互相扶持着，把许许多多毫不动人的日子走成一串风景。这么多年了，回忆起来，所有平凡的片段，所有曾抱怨过、曾怀疑过的时光其实是生命中最温馨的篇章；所有淡淡的日子，其实都是像"空山灵雨"一样，淡得韵味绵长。

执子之手，与子偕老。这该是一种并肩站立，共同凝望太阳升起、太阳落下的感觉；该是一种天变地变情不变的感觉。

有人说时间可以冲淡一切，可总有些东西是地久天长海枯石烂的，天上比翼，地上连理。总有一种爱情，是像山一样执着，像海一样深沉，像天空一样广阔。下雨的时候，你在车站孤零零地望着纷飞的雨线，你的心情是无可奈何的沉郁。这时从旁边伸过一把伞来，为你遮住了雨丝和阴暗的天空；你不用回头，便知道是他站在你的旁边了，便有一种极温暖的感觉涌上心头：雨丝就让它纷飞吧，天就让它阴暗吧，此时你已有了一把伞，而你的心情也因此而明亮起来。

有人说时间可以让一切蒙上灰尘，可总有些东西是历久弥新的。那双与你牵手的手，使所有的日子都变得崭新而明媚。时光它总是在不停地走，回首之时不觉已是满身尘垢；你却仍然愿意蒙上眼睛，毫不保留地把双手都交给这生生世世的恋人……

执子之手，与子偕老。当你哭泣的时候，有人陪你伤心，倾听你的诉说，为你抚平凌乱的头发和憔悴的容颜，告诉你明天依旧阳光灿烂；当你笑容明媚的时候，整个世界都和你一起明媚，而他静静地站在一旁，微笑着看着你和阳光一般地灿烂……

执子之手，与子偕老。风也罢霜也罢，雨也罢雪也罢，执子之手，每一刻都是如此的美好，每一刻都是一首动人的情诗，每一刻都值得用所有的时光去回味……

也许不用回味，只是紧紧握住你的手，什么话也不说，慢慢地陪你走过今生今世，来生来世……（佚　名）

击鼓其镗，踊跃用兵。土国城漕，我独南行。
从孙子仲，平陈与宋。不我以归，忧心有忡。
爰居爰处？爰丧其马？于以求之？于林之下。
死生契阔，与子成说。执子之手，与子偕老。
于嗟阔兮，不我活兮。于嗟洵兮，不我信兮。

——《诗经·国风·邶风·击鼓》

在最浪漫的时刻

● 冬日临近的时候，送他手套
如果他整日坐在写字楼里办公，就送他高档的皮手套；如果他整日在外面奔波，可以送他图案漂亮的毛线手套。

● 他若是喜欢带着你骑摩托车出去兜风，送他专用的骑行手套
你伏在他的身后，他可以从手心和脊背感觉到你传递给他的暖意。

● 送手套作为以下星座男人的礼物
记住，如果他的星座是双鱼座、处女座或射手座，对于你送出的这小小的温馨礼物，他会感到万分的欣喜。

红尘有缘

释缘 问世间"缘"为何物，真叫人不好捉摸。

因为无法诠释人与人相遇、相知、相交的底蕴和玄机，人们便认同且袭用了从禅语中拈出的那个字——缘。

惜缘 在亿万年的时光长河中相逢于今生今世，在芸芸众生的红尘人海中际会于此地此处，无论男女老幼，无论贫富美丑，这一段尘缘值得珍惜。

随缘 人们常说随缘，但随缘不应是等缘。

"有愿才会有缘，如果无愿，即使有缘的人也会擦身错过。"极具禅心慧思的台湾作家林清玄如是说。

信缘 有这样一种朋友，也许相隔万水千山，也许分别十年八载，世事变幻，沧海桑田，永远不变的是彼此心中的那份默契与牵念，所以，我相信，两缘若是久长时，又岂在朝朝暮暮！

悟缘 耳闻目睹曾经恩爱的夫妻因小事反目，共赴艰险的朋友因蝇利成仇，颇感难解，思之再三，似有醒悟，一切美好的因缘都应有三个支撑点方能长远——重情、守义、惜缘。

了缘 说不尽的缘，道不破的缘，了不断的缘。

是缘，非缘，有缘，无缘，缘深，缘浅，缘起，缘尽，有人灰情灭欲，斩断尘缘，有人藕断丝连，再续前缘，良缘变孽缘，仇缘变情缘，一面之缘与一生之缘或是只在一念之间，或是情在缘已尽，又或是缘在情已绝……这红尘中的是非恩怨、离合聚散，又怎是一个"缘"字了得！　（朱时洲）

你可以告诉他——

"牵手是今生注定的情缘,
牵手是来世难以忘怀的忆念。"

老式烟斗
成功绅士的专属品

Special Present #15 烟斗

Pipe

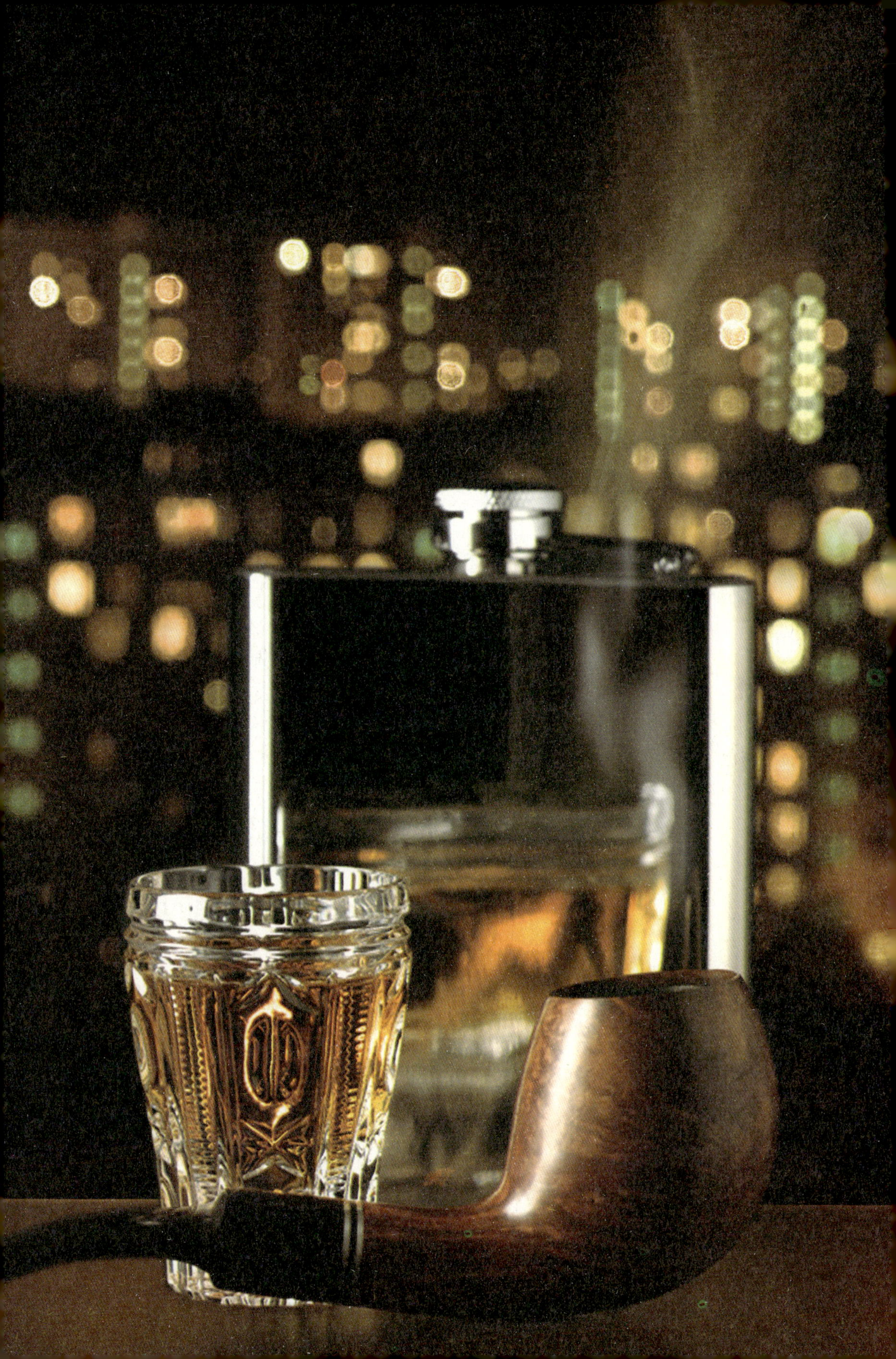

烟斗为思考的男人而生

爱好烟斗的男人，大多是严肃的、深沉的、高度理性的，
他们喜欢在思考的时候吸烟斗，它可以让人平静，思路也更清晰。

烟斗为有情趣的男人而生

烟斗讲究"慢抽"，以平和的节奏享受烟草。
闲适时，装上一斗，既可沉思片刻，
亦可随手翻起一本闲书，边抽边读；
当然也可以倒一杯威士忌，泡一盅茶，
寻求不同形式的芳香撞击身心而起的惊喜……

烟斗为从容的男人而生

物质欲望仍然旺盛的男人一般不会抽烟斗，
只有当物质生活达到一定的质量，
并且不再把物质的追求作为首要目标的时候，
男人才可能静下心来，看庭前花开花落，望天外云卷云舒。

His Diary

以最特别的理由

美国作家马克·吐温说：
"如果天堂里没有烟斗，我宁愿选择地狱。"
能够让男人爱不释手，
并有一定实用价值的小东西不是很多，
烟斗应当算作其中一种。
烟斗的优势在于，既是吸烟工具，又是艺术品。
在烟斗那简单的线条和造型中，蕴含着无穷的智慧和乐趣。
据分析，烟斗客之所以选择烟斗，
是其性格特质的潜意识反映：
内敛，镇定；自信，自省；谦逊，低调；
聪慧，懂得享受和珍惜人生。
从某种意义上说，用烟斗不但是一种生活方式，
也是一种感悟人生的过程。
一个男人只有修炼到一定的人生境界，
才可能把握好自己的烟斗。

爱的主题1

烟斗：浓缩了"烟斗客"的精神世界

香烟像艳遇，一次性的消费，快餐式的味道，而且风险（尼古丁）较高；雪茄像情妇，花费巨大，配置奢侈，虽然可以在人们面前炫耀，但是随着最后一缕轻烟袅袅地飘逝，结局是曲终人散；烟斗像太太，一次添置，经久耐用，享用过后，还要费心抚慰一番，并且要仔细照料它一生。

一支标准长度为8厘米的烟卷，其燃烧速度大约是8分钟，而一斗维吉尼亚烟丝燃烧所占用的时间，却需要30分钟到40分钟。如果你无法超过30分钟，那么对不起，你还算不上一位够资格的"烟斗客"。重要的是，香烟可以根据心情随时加快燃烧的速度，而吸烟斗是一种温和而有节制的享受，万万不可操之过急。难道你不怕烫手吗？被烟斗烫得手忙脚乱是有些狼狈。你可以捏一撮烟丝装上一斗，叼在嘴上，但是不一定要把它点着。

另外，香烟可以一支接一支地抽，而一支抽过的烟斗，必须得给它时间，待到完全冷却后，才能再装上一斗。当然，如果你有几支烟斗的话，那就是另一回事儿了。根据烟斗礼仪，正如一个男人应该有5条以上的领带一样，他起码也应该有3支烟斗。比如，需要浓一点儿的口味你可以选择 3 厘米管的烟斗，需要淡一点儿的口味你不妨选择 6 厘米管的烟斗；想抽温和的维吉尼亚烟丝用那只拉森烟斗，想抽强劲的波瑞克烟草不妨用登喜路烟斗；思考问题的时候使用那只直式的石楠根烟斗，阅读的时候不妨换那只弯式的海泡石烟斗……

烟草具有"提神"和"镇定"两种对立统一的效果，如果说香烟的使用价值在于"镇定"，那么，烟斗的使用价值则在于"提神"。香烟的使用时间常常是在紧张、恐惧、仓促不安、疲惫不堪的时候，而烟斗则必须在闲适的时候从容地去享受。这就是香烟与烟斗在身份上的不同。比如我们在看电影时，经常会看到这样一个公式化的情节：那些犯罪分子在接受审讯的时候，往往会对警察请求："能给我一支烟吗？"然后老实交代。但是他敢要烟斗吗？而且，即使给他一只烟斗，恐怕他也没有心情抽一口。

不论在什么场合，随时都可以点燃香烟，而烟斗却需要一定的时间和空间，需要充分的思想准备，然后心平气和地去享受。对于达到一定阶段的资深"烟斗客"来说，用烟斗抽烟的最高境界是"不温不火"：吸快了会烫到手和嘴，而吸慢了又可能会熄火。用烟斗需要一定的技巧、经验和修养，就某种程度而言，用烟斗不但是一种生活方式，而且是一种感悟人生的过程。一个男人只有修炼到一定的人生境界，才有可能把握好自己的烟斗。

据分析，"烟斗客"的人格特征大致表现为：思考、冷静、稳重、内敛、谦让、较少焦虑。这些特征不正是一个成熟男人必须具备的优秀品格吗？（陈耀先）

> "烟斗客"的人格特征大致表现为：思考、冷静、稳重、内敛、谦让、较少焦虑，这些特征不正是一个成熟男人必须具备的优秀品格吗？

爱的主题 2

丰富的安静

　　我发现，世界越来越喧闹，而我的日子越来越安静了。我喜欢过安静的日子。

　　当然，安静不是静止，不是封闭，如井中的死水。曾经有一个时代，广大的世界对于我们来说只是一个无法证实的传说，我们每一个人都被锁定在一个狭小的角落里，如同螺丝钉被拧在一个不变的位置上。那时候，我刚离开学校，被分配到一个边远山区，生活平静而又单调。日子仿佛停止了，不像是一条河，更像是一口井。

　　后来，时代突然改变，人们的日子如同解冻的江河，又在阳光下的大地上纵横交错了。我也像是一条积压了太多能量的河，生命的浪潮在我的河床里奔腾起伏，把我的成长岁月变成了一道动荡不息的急流。

　　而现在，我又重归于平静了。不过，这是跌宕之后的平静。在经历了许多冲撞和曲折之后，我的生命之河仿佛终于来到一处开阔的谷地，汇蓄成一片浩渺的湖泊。我曾经流连于阿尔卑斯山麓的湖畔，看雪山、白云和森林的倒影伸展在蔚蓝的神秘之中。我知道，湖中的水仍在流转，是湖的深邃才使得湖面寂静如镜。

我的日子真的很安静。每天，我在家读书和写作，外面各种热闹的圈子和聚会都和我无关。我和妻子女儿一起品尝着普通的人间亲情，外面各种寻欢作乐的场所和玩意儿也都和我无关。我对这样过日子很满意，因为我的心境也是安静的。

　　也许，每一个人在生命中的某个阶段是需要某种热闹的。那时候，饱满的生命力需要向外奔突，去为自己寻找一条河道，确定一个流向。但是，一个人不能永远停留在这个阶段。托尔斯泰如此自述："随着年岁增长，我的生命越来越精神化了。"人们或许会把这解释为衰老的征兆，但是，我清楚地知道，即使在老年时，托尔斯泰也比所有的同龄人，甚至比许多年轻人更充满生命力。毋宁说，唯有强大的生命力才能逐步朝精神化的方向发展。

　　现在我觉得，人生最好的境界是丰富的安静。安静，是因为摆脱了外界虚名浮利的诱惑。丰富，是因为拥有了内在精神世界的宝藏。泰戈尔曾说："外在世界的运动无穷无尽，证明了其中没有我们可以达到的目标，目标只能在别处，即在精神的内在世界里。""在那里，我们最为深切地渴望的，乃是在成就之上的安宁。"他所说的是指创造的成就，精神的富有，博大的爱心，而这一切都超越于俗世的争斗，处在永久和平之中。这种境界，正是安静之极致。

　　我并不完全排斥热闹，热闹也可以是有内容的。但是，热闹总归是外部活动的特征，而任何外部活动倘若没有一种精神追求为其动力，没有一种精神价值为其目标，那么，不管表面上多么轰轰烈烈，有声有色，本质上必定是贫乏和空虚的。我对一切太喧嚣的事业和一切太张扬的感情都心有怀疑，它们总是使我想起莎士比亚对生命的嘲讽："充满了声音和狂热，里面空无一物。"（周国平）

> 人生最好的境界是丰富的安静。
> 安静，是因为摆脱了外界虚名浮利的诱惑。
> 丰富，是因为拥有了内在精神世界的宝藏。

"口含烟斗的人都是快乐的！"

"口含烟斗的人都是快乐的！"这句话出自林语堂之口，个中的快乐来自于那充满诗意的过程。从填装烟丝到清理烟斗，无不需要耐心和从容，当然包括"开斗"，这是烟斗考验你的第一关。中国人提到"开"这个字，总会带有些仪式感，玉石的"开光"，刀剑的"开刃"，正如画龙点睛，这一"开"，物件便有了生命。

一支新烟斗买来，你不要迫不及待地塞满烟丝就马上抽起来，你必须有耐心，开斗是必不可少的步骤——用蜂蜜涂满烟斗的内壁，放置风干，一般需要放置两三天，糖分会附着在烟斗内壁上，不但抽起来不会过度燃烧内壁原本涂抹的化学成分，还会增添一份甘醇的香味。

铺烟丝的时候最好是一层层地铺下去，第一层在最底部，也是最接近你的部分，要用"婴儿的力量"去铺，不要塞得太实，不然你抽起来会很累；再上边一层要稍微用力；最上边一层要铺得紧一些，不然点燃受热，烟丝会散开。点烟的时候，第一次不一定能完全点燃，因为有些烟丝中含有水分和空气，第一次受热会蒸发掉一部分，这时候，你可以稍微再向下压紧一点，重点一次，通常三次以内点燃都是正常的。

抽烟斗的老手，从来不会在一斗烟抽完之前让它熄灭掉。如果你的烟斗时常会熄灭，多数是因为你还在"抽"烟斗，而没有跟随自己的自然呼吸。放轻松，就会随着自己的呼吸享受烟斗。老"烟斗客"抽过的烟灰，磕出来应该是均匀的粉末状，呈白色。如果磕出来的烟灰夹杂着未抽完的烟丝或者烟灰呈块状，那他一定抽得很急躁。看一个人抽烟斗后磕出来的烟灰，可以大概判断出他对烟斗的了解，甚至他当时的心情。

你可以告诉他——

"我们有时很急躁,没有了闲情。
生活中有太多的快乐,
需要如你这般的男人从容地去享受……
叼着留着我的指痕的烟斗,在那旖旎的烟香中,
品味生活吧!"

手织毛衣
以最亲密的方式拥抱爱人

Special Present #16 毛衣

Sweater

织毛衣，实在是女人最大的智慧

几根细细的毛衣针，一段长长的毛线，就这样缠来绕去，
女人用无尽的耐心和纤巧的手指织出万千花样，
好似女人的万种风情，扑朔迷离。

女人织毛衣，总是织给自己心爱的人

这种示爱的方式，着实让人踏实、温暖，有了回家的感觉。

编织毛衣，也是在编织爱情

当男人穿上女人亲手为他编织的毛衣时，
会感受到从她的指间一点一点滑落下来的爱与关怀，
即使她是一个相貌平平的女人，
那份贤淑与温柔也会让他觉得她无比美丽。

一件粗针织的毛衣，穿在男人温暖厚实的身体上，
有无法抗拒的存在感

最温暖的是在寒冬里与爱人隔着厚厚的毛衣拥抱。
他手指的温度透过毛衣传递给你，是最柔情最性感的。

His Diary
以最特别的理由

毛衣是什么?
是冬季衣橱里必不可少的一部分?
是具有独立风格的漂亮衣饰?
在所有服装中,毛衣是最有亲切感的。
心理测试表明,
喜爱毛衣的人是重感情、向往浪漫并且喜欢拥抱的人。
毛衣是初尝恋情的少女倚在心上人的臂弯里,
把头埋在他胸口的安心;
是他从热烘烘的被窝里探出头来,
看见她在灯下一针一线织出来的温暖。
作为女人,哪怕幸福只露出一根线头,
也要有本事将它拽出来,并织成一件暖身的毛衣。

爱的故事

温暖有多暖

　　女人想亲手织一件毛衣的愿望，是与初恋一起滋生的。初恋发生在大学时期，校园里，为了爱情而心甘情愿地成为"织女"的女大学生随处可见。年轻的她有点惊奇地发现，用竹针或钢针将长得似乎没有尽头的毛线连缀在一起，对于她来说简直就是无师自通，也许这份天生的灵巧来自于母亲。儿时，她总是边极有耐性地帮母亲理顺那些纠结在一起的毛线头，边饶有兴致地时不时瞥一眼母亲那飞针走线的手，母亲的手指就像一个个跳动的音符，常常在她的记忆深处生动地闪现，美到极致。

　　直到十几年后的今天，女人仍清晰地记得那个将近新年的正午，清冽的风直吹进她的领口，她去为男友选毛线，衣袋里只有不到 20 元钱。她买下了一种淡灰色的粗毛线——她的钱只够买下半斤，刚好能织一条长围巾。下午没课，她一个人缩在教室的角落里开始美滋滋地编织那夹杂着淡淡伤感的梦幻，整整 5 小时没离开座位。晚 6 时，她终于锁好了最后一针，而这时正是男友来接她的时间。她几乎是雀跃着奔向鼻尖冻得通红的男友，不由分说地将围巾在他的脖子上缠了一圈，嘴里不住地嚷着："这回你不会再挨冻了，党中央和全国人民派我给你送温暖来了……"

过了三年，她大学毕业；又过了三年，男友变成了她的男人。这期间，她仍然在空闲时不停地编织，为他，也为自己。女人的织工越来越纯熟，她手中的织物越来越精致，花式与样式也越来越出新，令人啧啧称奇。她喜欢把毛衣分成前后两片来织，再用钩针缝合在一起。从哪一行加针，从哪一行减针，前后两片肯定一模一样，生性干净整洁的她甚至不允许有一针的误差。女人为自己的作品而得意，她觉得毛衣不仅凝结着她的心意，更包容着她的思想。

　　女人最完美的作品是给男人织的两件毛衣。它们的轰动效应是一致的：男人穿着毛衣到单位，总会有几个女同事围过来，赞叹着、夸奖着，并猜测毛衣的针法。男人回家就会故作神秘地说："我又被一帮女的包围了。"好像那真是缘于他自身的魅力。一件是暗红色、妥帖的鸡心领毛衣，令人有些不敢相信是手工织成的，穿了近两年，女人就自作主张地将毛衣拆了，惹得男人不住地抱怨，直到织成了那件橄榄色的毛衣。这个耗费了女人小半年的时间、用线量达普通毛衣近两倍的杰作简直是绝无仅有，那漂亮的、像竹席一样交错的针法引得男人单位大半女同事索要编织图案，女人笑着不肯交出去。整个冬天，男人再也不穿女人买来的羊毛衫，在毛衣外面套件大衣就出门。他用玩笑的口吻对女人说："这是我的招牌啊。"从此女人就多了件法宝，意见相左时，女人说，再不听话就拆毛衣了啊。男人立刻做投降状。

　　女人的手很小很软，胖乎乎的。男人讨好地说，这样的小手不仅能拿毛衣针，还能拿炒菜的勺子，真是他的造化。女人总是不忘调皮地回敬，这样的媳妇儿一个哪儿够呀。这时，他们往往刚吃过晚饭，双双坐在沙发上看电视，女人的手上，是不断变换着颜色的毛线。这的确是一幅暖意融融的画面：墙壁是浅黄色的，沙发靠垫是浅黄格子的，而女人的睡衣是鹅黄色的。于是，"温暖"这个词不止一次地浮现在女人的脑海中。她细细品味着包围着自己的温暖：她贪睡时，男人叫她"睡宝"；寒冷的冬天从外面回来，他不由分说地把她冰凉的小脚放在怀中暖着；两个人深夜时趴在被窝里看《泰坦尼克号》，竟会同时向对方递出抱枕；她手忙脚乱地打碎东西，做出怯怯的样子拽男人的衣角，男人大笑着问，又闯什么祸了……

169

女人也揣摩着男人体会的温暖会是怎样的。是这小小的、纤尘不染的家吗？是他晚归时，她为他留着的那盏点亮的台灯吗？是只要他穿过一天，就会被她按进洗衣盆中的衬衣和袜子吗？是他发烧时，她不眠的陪伴吗？

然而，温暖有多暖？永远又有多远？谁也记不清从何时他们开始无休止地争吵，最终各守一室，漠然相对。这间温暖尽失的屋子令他们窒息，男人每天夜半而归，女人换了工作，用忙碌来打发寂寞，她再也没心思拿起织针。尽管如此，到了深秋时节，女人仍为男人买回价格不菲的羊毛衫、羊绒衫，她将它们放在男人面前，却蓦然发现，男人仍穿着几年前自己亲手织的那件毛衣。毛衣旧了，颜色变得浅淡，纯毛线历经洗涤，已经有些缩水，结结实实地黏在一起，使毛衣厚实得像一块毛毡，但仍不失它的漂亮和精致。女人忍不住对男人说，别穿了，又不是没有别的毛衣。男人久久无语。

春节快来临了，女人到楼下的洗衣店送衣服，一进门竟然看到那件再熟悉不过的橄榄色毛衣静静地躺在一隅。女店主笑道："正好，把你们家姐夫的毛衣取走吧。他把毛衣送来洗，让我再把它熨得大些，说是要过年穿。我说呀，这件毛衣穿得太久，要是把它拆了，一定是一段段的线头，那毛衣该多疼啊……"

女人抱着毛衣冲出门去，在零下 20 度的寒夜里，女人的泪水大滴大滴地落在这件已无法再拆的毛衣上，瞬间成冰。她忽然明白，为什么他们迟迟不肯结束这段十几年的婚姻，他们是怕拆开了太疼啊。有些情感注定要纠缠一生，剪不得，拆不得，却又理不得。女人试着把双手伸进毛衣里，手心上立刻就传递出些许暖意。她用模糊的泪眼遥望向黑暗的天空，她想知道，在他们已降到零下 20 度的婚姻里，男人是不是在用这件毛衣取暖……（卓　子）

体谅一个男人，
那就把他当成你的爱人、情人、哥哥、朋友、父亲、孩子。
爱他，不要给他负担，给他自由，给自己自由。
做女人要知道什么时候该进，什么时候该退；
什么时候该挡在他的前面，什么时候该躲在他的身后。
把他当成你自己一样去爱护，成全了他的幸福，
他也会成全你的幸福。

但是你没有

　　这首诗的作者是一位普通的美国妇女，她的丈夫应征入伍去了越南，后来阵亡了。她终身守寡，直至年老病逝。

记得那天，我借了你的新车，我撞凹了它，
我以为你一定会杀了我，但是你没有；
记得那天，我在你的新地毯上吐了满地的草莓饼，
我以为你一定会厌恶我，但是你没有；
记得那天，我忘了告诉你那个舞会是要穿礼服的，
而你却穿了牛仔裤，我以为你一定会放弃我，但是你没有；
是的，有许多的事你都没有做，而你容忍我钟爱我保护我，
有许多许多的事情我要回报你，等你从越南回来，但是你没有。

　　这首诗我反复地看了好几遍，就是放不下手，直到那些字迹在我的眼前模糊、放大，我开始流泪，哭得一塌糊涂。那一天太阳很好，下午三四点钟光景，家家户户都在晒被子，走街串巷的小贩在楼下敲着竹棒卖桂花酒酿，空气中弥漫着水烧开后的水蒸气味道。邻家阳台上，洗过的床单被风高高吹起，像是睡眠和梦的形状在飞翔……那一天有一道质朴的光，照进我的房间，说不出心中有多宽敞。我承认我听到了许多年来最打动我的声音。

　　一边是琐碎的日常生活，一边是天长地久的爱情故事，它们正被一根绵绵的针缝合着，像一件贴身的衣服，体己，暖身，感人至深。

　　许多事情，过了很长时间，总是记得。就像这句话："但是你没有。"

（代　薇）

你可以告诉他——

❝温暖没有多高的温度，没有点燃爱情时的灿烂，
没有肌肤相亲的热烈，没有情场凯旋的鲜艳……
从我亲手编织的这件毛衣中弥散出来的，
就是最真切的温暖滋味。❞

Special Present #17 钱夹

Wallet

名品钱夹

给他安全、富足生活的心理暗示

男人好像是随时准备远行一样，
他们都会把自己心里觉得最重要的东西随身携带
一只钱夹，是男人的生活习惯探出来的一个小小的窗口。
从这个小窗口里，你可以看到这个男人心中最柔软、最不为人知的角落。
人生中任何有价值的东西都值得为它劳动
合理安排时间和金钱，尽己所能地创造财富，是一个成熟男人的标志。
金钱与爱情，是男人和女人之间永恒的话题
做男人钱夹里照片上的女人是幸运的，他打开钱夹第一眼就可以看到你，
他深知，你是他最大的财富。
作为一生中最亲密的伴侣，你们应该共同去创造财富，
尽享富足的人生……

His Diary

以最特别的理由

金钱是美好的东西，但是金钱不是万能的东西。
金钱买不来爱情，但是金钱有时可以使爱情更浪漫、更美丽、更有情趣
——色香味美的生日蛋糕使情人的华诞洋溢着欢乐的气氛，
高贵的钻石戒指使结婚纪念日成为了人生温馨的回忆；
一套精致的套装使短暂的小别胜过新婚的喜悦，
一次倾情旅游使二人世界的甜蜜成为生活中最美丽的时刻。
爱情需要不断地更新，更新爱情的内容，
更新爱情的方式，更新自己的形象，更新居室的摆布……
使爱情生活时时充满新意，
使爱在这种百变的乐趣中永远沉浸在欢乐之中，使爱情得到永生。
爱情的更新过程离不开金钱，
没有金钱的爱情就和没有爱情的生活一样的乏味。
金钱买不来爱情，但是金钱却使爱情更牢固、更充实、更自然。
爱情不是纯粹精神的产物，爱情需要有共同的生活基础，
需要相濡以沫的真情陪伴。只有爱情是不够的，爱情也要有吃喝玩乐，
爱情没有生活的基础就会成为空中楼阁，就是无本之木，
也就不会有牢固的基础。人们说贫贱夫妻百事哀，说的就是这个道理。
没有立足之地，没有果腹之食，没有蔽体之衣，爱情将从何说起呢？
不要将金钱作为获取爱情的资本，不要将金钱在爱情面前炫耀，
不要企图用金钱去购买爱情。
金钱生活于物质世界，爱情生活于精神世界，
二者可以起到相互促进的作用，但是却不能彼此交换。
妥善地处理好金钱和爱情的关系，金钱会成为爱情的朋友，
使爱情生活更甜蜜；处理不好金钱和爱情的关系，
金钱就会成为爱情生活中的敌人，使爱情生活在金钱的旋涡里沉坠。

（杜忠明）

爱的故事

男人的爱情存折

听一位保险界的资深人士面授心经。他讲到一个细节,无意中记到了我心里。每次去拜访一个熟人,他总会先在心中打出一个存折,这个折子是他自己存在那个人身上的。

他们曾经是同学,他帮着那人写过情书,考试时帮他作弊,手紧时借给他钱花,那么,他在那个同学的心里,存有善心款。他在那人身上做成一张保单,就是在自己的存折上提款,行事难易必须看存折上的账面余额。

听起来让人瞠目,精算到一分一毫,如此友情未免挫伤人心。不过细想也不为过。我们风花雪月的故事,又何尝不是循着这样的路呢?

那个男人,爱你到多深?那个女人,忍你到何时?问问你自己,你在他(她)身上的存折上尚有多少余额?一个男人,容得女人放纵,唯一的解释是爱。那个爱,是他签发的折子。那个女人,美丽有几分,温柔有几分,可心有几分,一笔一笔登记在册,明明白白的一个爱情折子。女人要撒娇耍赖,好呀,只要你在男人的存折上有余额。

其实,类似的男人有数个版本,分别签发给不同的女人。太太的,情人的，知己的，姊妹的，本本不同，再糊涂的男人也都清楚，清楚哪个女人可以动用哪部分钱。

当然，他的爱情折子，是金卡，只给最爱的女人。男女相爱，相互向对方签发金卡，情在，卡在。真是和美。到卡上的金额都到各自定好的那条线，情分满满当当，他们就结婚了。不过，女人千万不要以为自此大功告成。男人心里的那个爱情存折，才是分毫不差的记录器。你本金多少，后续多少，支了多少，还有多少余额可用，这方面，男人不逊于专业的银行家。

可惜，女人往往会犯通病。婚前，女人常常风风火火将爱情存折做得像秋收的麦场，婚后，却潜意识把折子当作万用卡。女人喜欢逛街，喜欢拿了信用卡刷来刷去，这个习惯蔓延到女人在男人心里的那个存折。

买东西，找他的钱包；生气，抓他的胸膛；抹眼泪，揪他的衣襟；恼怒时，还有他的自尊心承受着……横竖是他，女人才不怕！殊不知，这样一笔笔，男人全都做了支取处理。某一日，女人再度要求什么的时候，男人已板着脸上前：我要清户。彼时，女人慨叹男人的变心变脸，却忘了，男人的改变是因为你的账户上没钱了，他不再为你免费服务了。

所以，女人可以花钱，但也要学会续存。女人煮的粥，夜里的守候，晴朗的微笑，便是女人一次次的活期储蓄。

勤谨的女人，自然有一个好的口碑，做个好户头，关键时刻还可以透支。（佚　名）

女人可以花钱，但也要学会续存。
女人煮的粥，夜里的守候，晴朗的微笑，
便是女人一次次的活期储蓄。

爱的主题 1

活在有限的时间和金钱中

人活在世上有两样东西看似无穷无尽，实际上却是有限的。可是若合理地利用，就能将有限的东西充分地使用，达到自己的目的。

这两样东西一样是金钱，另一样是时间。

先说金钱，不管你这一辈子能挣多少钱，花出去的那些钱才可以算是真正曾属于你的，银行中存储的那些不算是你的。想想也是，存在银行里不花，在你的存单上和在别人的存单上又有什么不一样？这样一想，算算你这一辈子花出去的钱真的是有数的（只是那个数目你自己不知道罢了），那么怎样花钱才算是使钱充分合理地得到利用？

想回答这个问题必须先想清你想要的是什么，挣钱和花钱都不是目的，在挣钱的时候更多地体现你的人生价值，在花钱的时候更好地实现你的人生目的才是最重要的；

你想要的是健康吗？那么将钱花在日常饮食上比花在衣物上更合理；

你想要的是漂亮吗？那么将钱花在保持充沛体力和快乐心情上比花在衣饰上更有意义；

你想要的是别人的尊重吗？那么将钱花在对自身素质的提高上比花在

炫人的珠宝、惊人的华屋美厦上更起作用；

……

当然不可避免的，人这一辈子总有很多花错钱的时候，那也无须过分地懊悔和遗憾，过分地追悔昨天永远于事无补，更重要的是今天应怎样度过。

时间的利用也是如此，你必须得有一部分时间来满足生理上的需要，也必须得有一部分时间来应付你所在的这个环境。但只要你合理地安排，就一定会有一些属于你自己的时间，在那属于自己的时间里，如果全身心地投入到喜欢的事情中，你必然有所收获。

常有人把时间比作金钱，从而说明时间的宝贵，聪明的人应该不用金钱的陪衬就能看到时间的宝贵；可是世上自私的人总是表现在对金钱的占有上，只有少数人的精打细算不是用在金钱上，而是用在时间上，用这一生有限的时间来做更多的事，体会更多的美好感情。

如果你有很多时间不是用来品尝甜美而是用来回味苦涩；不是用来爱和被爱，而是用来仇恨和伤害；不是用来给这个世界带来什么，而只是消耗别人生产的东西，那么这些坐卧不安、心神不宁、手足无措的日子没有也罢，免得生命再受折磨。

你这一辈子其实拥有很多金钱、很多时间，只是你应该经常想一想你用这些金钱和时间干什么了。

你实现你的人生价值了吗？你给周围的人带来快乐了吗？你给这个世界带来一点东西了吗？你使你的生活过得充实了吗？（刘卫京）

人活在世上有两样东西看似无穷无尽，实际上却是有限的。可是若合理地利用，就能将有限的东西充分地使用，达到自己的目的。这两样东西一样是金钱，另一样是时间。

爱的主题 2

金钱与爱情

一个简单的测试可能会告诉我们很多的东西。

女主持人气势逼人地问一个男嘉宾："你为什么那么在乎钱？"男嘉宾说："钱能买到一切！"

现场的观众哗然。

男嘉宾微笑着说："我们做个测试吧。一个很简单的主题，你的一个仇人爱上了你的女友，现在想要你退出，你是一个正常的人，你爱自己的女友。现在，那个男人愿意出一点钱来补偿你。"

所有的观众都很不屑这种论调，男人缓缓地开出了第一个价格："5万！"

现场的观众松了口气，论点很集中："5万，简直是瞧不起人，为了5万放弃了爱情？更主要的是放弃了自己的人格。"所有的人都不约而同地否定了。

男人接着开出了第二个价格："50万！"

现场的声音小了很多，一部分的人开始自己的计算了，过了好长时间，绝大多数男人依然选择了否定，他们身边的女友感动地看着他们。只有少数的人接受了这50万，其中的一个人说："自己没有钱，父母苦了一辈子了，临老了生病没钱医治，为了父母，放弃爱情吧。"

男人接着开出了第三个价格："500万！"

现场更静了，男人的第一个动作都是看身边的女人，也许是在权衡什么。一半的男人沉默了，另一半的男人怯生生地说："我要爱情。"身边的女友也有点呆住了，一个女孩子站起来说："如果一个男人肯出500万，我想我没有理由拒绝他。"沉默的男人选择了金钱，500万可以买一套房子、一部车，全家过上好日子，甚至可以开始自己的事业。一个男人说："他是我的仇人，我有了这500万，我可以含辛茹苦，我可以报仇，我可以计划我所有的未来，当个真正主宰自己的男人。"一些女人看着身边的男人，若有所思。

男人接着开出了第四个价格："5000万！"

全场一片哗然，对于大多数的人，一辈子也挣不了这么多。女人说："有肯为我一掷5000万的男人，他一定是爱我的，这样有钱又专一的男人，为什么不选择呢？"一个男人举手："他真的肯付5000万？"在得到肯定的回答后，男人说："爱情是无价的，但是我没有这个能力去照顾爱人，别人有，我应该放弃，并且我有了这么多的钱，我可以做很多有意义的事情，我可以成就事业，我可以帮助别人，这样的人生才有意义。"所有的人都深以为然。

只有一个人依然选择了放弃，所有的人都用很奇怪的目光看他，他解释道："我的爱情是无价的。"当问到他的女友是否感动的时候，他的女友说："我虽然感动，但我更感动的是为了我付出5000万的人，而不是放弃别人的5000万，他的观点很可敬，但不现实。"

嘉宾笑了笑："你们所有的人都选择了金钱。"

那个人还是以前的那个人，他的为人和评价只是因为钱的变化而完全改变了；爱情是无价的，也只是面对钱多钱少的时候。

所有无价的都是跟钱比较的，博物馆里的国宝，有钱可以买，买不到可以雇人偷和抢，再不行的话，可以发动战争，只要你有足够的钱。

所有的观众愕然了，想起自己的生活。

想跳槽的时候，借口都不是钱，但都有一个理由："我不在乎钱，但是我在乎工资，这代表我是否受尊重和我的价值是否得到体现。"是啊，相同的工作，一千块就侮辱了你，一万块就是尊重你，十次的侮辱等于尊重？

嘉宾说："我不想解释为量变导致质变，爱情的质变不是钱多钱少的问题，而是，在你们之间叫爱情的那种东西，如果通过交换就已不是爱情。所以他拿钱换走的不是爱情，而是你的所有权，爱情已经走了，它依然无价！变质的爱情怎么还能叫爱情？

"所有的人性都有价格，而又无价，当你用金钱换取的时候，人性已经丢掉了，你售卖的价格已经和你原有的人性无关。"

嘉宾最后说了一句："我相信爱情，相信所有的人性，所以我努力地赚钱、爱钱。我只是不希望我的爱情和人性受到别人的金钱的考验罢了。"

钱真的重要吗？（佚　名）

我相信爱情，相信所有的人性，所以我努力地赚钱、爱钱。
我只是不希望我的爱情和人性受到别人的金钱的考验罢了。

你可以告诉他——

❝亲爱的，今生无论贫穷还是富有，
　我都将永远和你相依相偎。
　让我们共创人生的财富，当我们老去，
　就一起感激这富足的人生……❞

Special Present #18 剃须刀

Shaver

手动剃须刀

让他每一个清晨都能想起你的温柔

胡须是男人的性感符号

剃须刀在情人节、他的生日，以及所有与他有关的重要日子里，
总是扮演着绝对重要的礼物角色，
10个女人会有8个选择送剃须刀给心爱的他。

对于女人来说，第一眼就能打动她们的男人，
往往是因为他的干净

干净的男人五官即使不很英俊，
但其洁净的下颌、整齐的牙齿，使他的笑容显得灿烂又多情。

在企业管理中，有一条著名的"奥卡姆剃刀定律"，
即简单与复杂定律：把事情变复杂很简单，把事情变简单很复杂

这个定律要求，在处理事情时，要把握事情的主要实质，
把握主流，解决最根本的问题。
尤其要顺其自然，不要把事情人为地复杂化
——剃须刀在这里有了丰富而深刻的象征意义。
对于生活而言，轻松、简单、自然，是获取人生至乐的最佳途径。

His Diary
以最特别的理由

男人的胡子一天要长 0.0375 厘米，一年长 13.69 厘米。
一个男人平均每天要刮掉 65 毫克的胡须，
换言之，每 16 年刮去的胡须重量将近 0.4 公斤，
刮胡子这项工作要耗费掉男人宝贵生命中的 3350 个小时！
人类（准确地说，是男人）也只是在发明了燧石刮刀这样的冷兵器之后，
才开始以此为武器与脸上的毛发展开了旷日持久的"战争"。
在今天——一个讲究整洁与个性装扮的时代，
一张容光焕发的脸总是会给人留下美好的印象。
一个永远清清爽爽、干净利落、衣着光鲜的男人，
会令人有更多的满足感、安全感，
他整洁的仪表、干净的下颌、清爽的发型、白皙的牙齿，
也预示着他有力量迈向成功。
作为女人，面对一个散发着洗涤液、须后水清香的男人，
本能的反应起码是：
这是个有修养的人，这是个热爱生活的人，
这是个充满活力的人，这是个雄心勃勃的人，
这是个健康的人！

相爱可以如此简单

她是个很有才情的女人，聪明漂亮，有自己的事业、自己的生活及精辟的人生哲学。

他倾慕她很久了，为了她，他不抽烟不喝酒，开始听一些她爱听的音乐，看一些她爱看的书，也学着做她爱吃的小菜；为了她，他甚至放弃了出国任职的机会。可是她对他的追求始终泛泛，和他不冷不淡若即若离地相处着。

一次他出差去埃及，询问她要不要同去，她原打算去埃及玩的，就答应了同行。

在那个充满神奇的国度，他们骑着同一头骆驼，在金字塔前端详狮身人面像，她坐在前面，靠在他怀里，他半搂着她的腰，下巴轻搭在她的头发上。她的长发随风飞舞，碰得他的耳朵发痒。两人就这样看夕阳在大漠中慢慢落下，将天际染成最为壮丽的红色。

她动了动，梦呓般地说："谢谢！"他身子震了震：他送给她最大颗的钻石、最通透的玉器，她没有说谢谢；他请她去最高档的饭店，吃最名贵的菜，她没有说谢谢；在巴黎，他给她买最优雅的香水最新潮的衣服，她没有说谢谢……可就在落日的大漠里，靠在他的怀里，她那么由衷地感谢他。

一句谢谢，顿时让他明白爱之所在。

爱不是金钱、地位；不是荣耀、容颜；不是外在的表象、刻意地迎合，是长相守、莫相忘；是风中的同一件衣服，雨中的同一把伞；是贫贱中的同一碗汤，富贵中的同一颗心；是大漠中同骑一头骆驼同看夕阳落下……

原来相爱可以如此简单，他感觉嘴角咸咸的，把脸贴紧她的头发，抱紧了她。（佚　名）

在最浪漫的时刻

● 如果你爱上一个人，一定要送他一把剃须刀

剃须刀是男人永远离不开且每天游走于他的面颊的物品，他若是在每天清晨，把你送的礼物握在手上，那么你也就成了他生活的一部分。

● 如果你喜欢他干净清爽的样子，送他剃须刀

既能用来形容为人又能用来形容外表的词语并不多，"干干净净"应算作一个。干干净净的面容，干干净净地做人。你的他可以没有一张迷人的英俊脸庞，但一定要清爽干净。在他的一举一动中，你会看到他的温厚、清爽、儒雅。

● 如果他遭遇烦恼，送他剃须刀

男人的胡须像韭菜一样割了一茬又长一茬，比烦恼长得还快。当他剃须的时候，告诉他，连烦恼一并剔除掉，简单生活，摒弃多余的欲念，让每一天都清新向上。

爱的主题 1

"胡"说

男人对于胡须，就如女人对于头发，浓密总觉麻烦，稀疏则又觉不安，总要变着法子折腾，想弄点名堂出来。

现今头发虽然并不是女性的标志，但是从古到今，从国内到国外，胡须无论如何都是要和雄性激素画上等号的。它曾经是男人地位与身份的象征，也是历史长河里不同文化的产物。关于胡须，可说的实在是很多。

在《康熙字典》中，各种胡须有着不同的分类与名称，譬如上唇的胡须叫作"髭"，下唇的胡须叫作"粜"，颊旁的胡须叫作"髯"，而下巴的叫"襞"。又有人将胡须分为三种类型，分别是唇须、络腮须和颏须。而《庄子》中则把"髯"列为"八极"之一，视为极其男性化的标志。

但是在现代社会，是否留有胡须就成了一项衡量男人仪容仪表的标准，大多数男人都得将胡须剃除，这叫仪容整洁。一般不剃除到下巴泛起青光绝对不符合工作条例，不符合现代社会的商务礼仪，不符合办公室里的行政要求……于是，剃须刀成了男人习惯接受、情有独钟的一件"美容"用品。即使是对生活再没有要求的男人也会拥有一把比较拿得出手的剃须刀，即使是现代生活用品知识再贫乏的男人也能将剃须刀的门道说出

你可以告诉他——

"透过你明朗的笑容,真的可以看到你内心的清澈。

清澈如你,整洁如你。

与你在一起,一切都因清澈而变得更加美好……"

精美钢笔

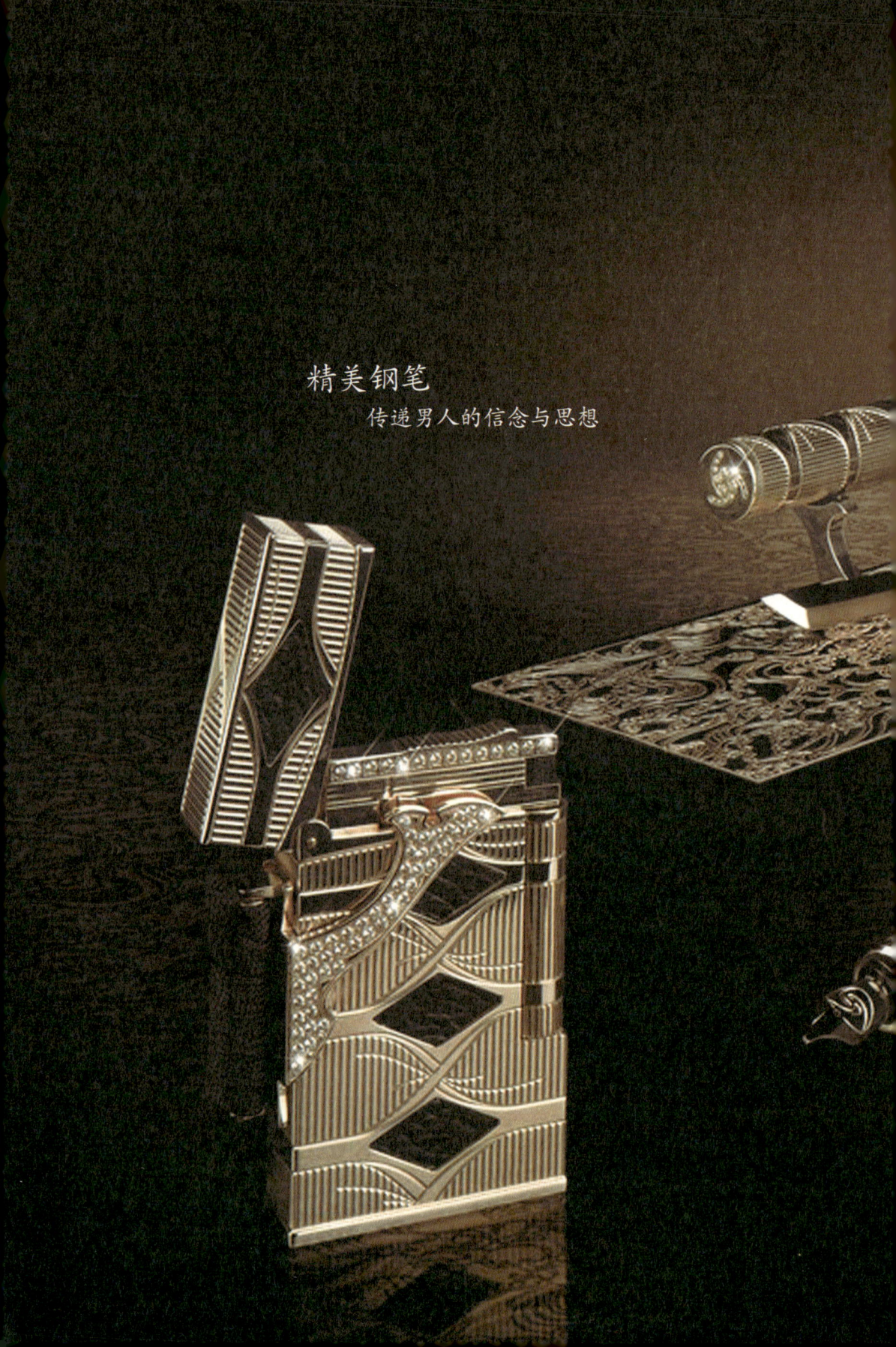

传递男人的信念与思想

Fountain Pen

Special Present #19 钢笔

**钢笔是时尚男人的标签之一，
是男人身份和成就的象征，是权力的标志**

华美服饰的口袋里，如果缺少一支笔，
尤其是一支名贵的笔，是不小的缺憾。

钢笔是对生活细节的追求，也是高贵的收藏品

一支集卓越品质和完美设计于一身的钢笔，在无形中向众人宣称：
它的使用者是高雅恒久的精品的追崇者，是注重生活品位的男人。
许多品牌的钢笔都是限量发行的，
如果你更想长久收藏或得到独一无二的极品，
这些品牌大多能给你提供更为尊贵的服务。

**钢笔，在快节奏的现代高科技社会里，
是可以放缓节奏的工具，是一种平衡的力量**

它可以让男人在匆忙的生活中做短暂的停留，
拔出笔帽，运笔自如，享受闲适和从容。

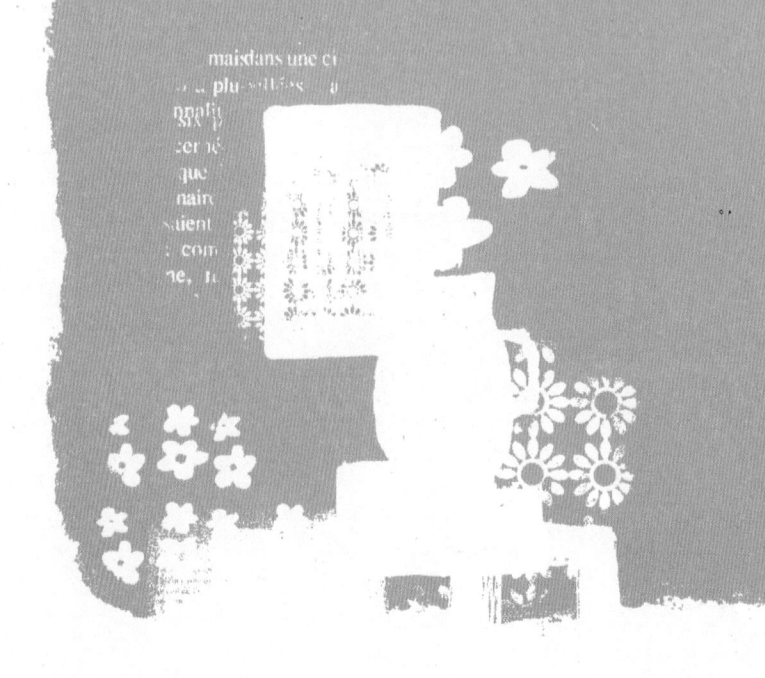

His Diary
以最特别的理由

假设有人给了你一支笔，一支密封的、纯色的墨水笔，
里面有多少墨水你看不到，很可能刚刚试写几个字便用干耗尽；
也可能足以完成一部或几部杰作，永存于世，使世事为之大变。
而这一切你在动笔之前却是一无所知。
根据游戏的规则，你确实永远也不会知道，只能冒一下险。
而事实上，也没有规则说你就一定要做些什么。
你大可以把笔搁在架子上、放在抽屉里，弃置不用，任墨水蒸发干净。
然而，如果你真的决定使用，你会做什么？怎么来做这个游戏？
你会左计划、右计划，然后才慢慢下笔吗？
计划会不会太泛太多，根本就达不到写作这一步？
会不会提笔在手，迫不及待地投入其中，
任由手中的笔、笔下的字带着你在词海中上下翻腾、左突右冲？
会不会下笔谨小慎微，似乎墨水随时都将干涸？
会不会假装相信笔中的墨水永不枯竭，任你挥洒？
你会写些什么？
爱情？仇恨？乐趣？痛苦？生命？死亡？虚无空空抑或世事万种？
是会用来自娱？还是取悦他人？还是为人写作而愉悦自身？
你的一笔一画会颤抖怯懦还是亮丽大胆？花里胡哨还是朴实无华？
你确实会去写吗？你一旦有了这支笔，却也没有规则说你一定就要去写。
你会粗粗写来？潦潦草草？信手涂鸦？还是认真描画？
你会写在线里还是写在线上，或者对纸上的线格根本就视而不见？
真的有什么线格吗？此时此刻，有很多东西值得思考，不是吗？
那么，假设有人给了你一次生命……

爱的主题 1

墨香随风起

　　一沙一世界，一滴水具有水的全部特征。

　　我以为一个男人的字体从某种意义上来说也是一个男人立于世的某种形态。

　　练字和习文一样，需要在浮华中沉淀一种凝神的静气，而一支笔的行走姿态也是一个人行走于世的姿态。

　　有一种字体遒劲、豪放，力透纸背。

　　这样的字体能穿越生命的沧桑，将睿智和淡定融进起笔落笔之间。这样一种字体，褪去了浮华尘世的外衣，在起笔落笔之间洋溢着一种生命的张力，将浩然之气敛入一笔一画，筑成字的铮铮风骨。而在笔锋回转处，却又勾勒出一丝细腻的柔情，令观者的心怦然一动。

　　这样的字体若是和某些特定的字句结合在一起时，会沉淀出历史的厚重，凝练出哲学的理性，飘洒出行者的从容，流溢出诗人的婉约。

　　当今天，我们几乎习惯了用键盘敲击出文字时，这样的一幅幅字体，会让我们感受到一支笔所具有的无法替代的渗透力。

　　这样的字体，会静默在一些手稿里，也或者，会尘封在一些书信里。

然而，每一次的开启，都是一次解读，解读一种思想或情感行走的轨迹。

写着一手好字的人，定会远离喧嚣，在寂静的时光中独自度过很多白昼和黑夜。习字，是一种修身，也是一种倾诉，一种独白，一种思考的方式。而习字的方式也绝不拘泥于笔墨之间。也许一根木棍、一根手指，甚至是一股意念，即可在泥土、石块上，在冥想中龙飞凤舞，挥洒自如。

在习字的人眼中，无所不是笔，而无所不是纸。

写得一手好字的人，还会在字的结构中根植美学的观点，并在笔画和结构中独辟蹊径，塑造出自己的风格，如一幅幅写意的水墨画，远看山有色，近听水无声。

"起舞弄清影，何似在人间"，这本是东坡的名句，但在此时，却想借喻这样一些手写的字体，一种可以用心来读来品的字体。

这样的时刻，我通常会沏上一盏绿茶，有时，也会是一杯咖啡。但，袅袅升起的，却总是一股淡淡的墨香。（佚　名）

> 我以为一个男人的字体从某种意义上来说也是一个男人立于世的某种形态。

爱的主题2

偶尔停下来

不论见到谁，问一句：最近干什么呢？对方的回答几乎是千篇一律的：忙啊，太忙了。即使是同窗好友，同乡故旧，大家似乎连见面的机会都难以找到。至于周末全家到郊外走走，读几页书，约两三个好友谈谈诗文的雅兴就更加不可能了。大家都在忙，忙什么呢？有好多人面对这个问题的时候，自己也不能回答，自己也不知自己在忙些什么，焦头烂额又一塌糊涂。

我们面临的最紧要的问题，也许并不是弄清在忙些什么，而是在生活中能够偶尔停下来。

冬天来了，下了第一场雪。这个时候，我们应该在雪停以后，放下手中的工作，带着孩子到空旷的野地里去看雪。看着孩子在雪地打雪仗、堆雪人的快乐情景，你一定会为你的决定欣慰。你会发现，把工作停下来了，不仅没有损失什么，反而有了很多的感悟和心得。

十年寒窗，离开故土来到了城市，在城市里拥有了巨大的成就和辉煌的事业。每一天的日程都是满满的，已经有多长时间没有回故乡看看父母，看看乡亲，看看童年好友了？对今天的你而言，时间就是金钱。但是，假如能够偶尔停下来，抽出哪怕是一两天的时间，离开城市，到故土去，你会从内心深处后悔来得太少，因为你发现这里才是你灵魂的栖息地，除了感受到温暖、亲切、关怀、牵挂之外，在城市里你所面临的所有问题在这里都烟消云散。你会后悔，你丢失的，正是现在渴望的。当再返回城市的时候，你发现你的视觉已经发生了巨大的变化，心灵也得到了一次彻底的净化。

生活节奏太快了，读书的时间都没有了，因为读书与直接的经济效益距离太远了。但是，假如能够忙里偷闲偶尔停下来读读书，也许，正在面临的种种问题就不是问题了。"书中自有颜如玉、书中自有黄金屋"的说法已经过时，但读书让人聪慧，读书令人深刻，读书使人心胸宽阔的作用却没有改变。一个不学无术之徒是成就不了什么大事的。

有多久没有给远方的朋友打个电话、写封信了？把手头的事情暂时推开，让自己已经形成习惯性的思路偶尔停下来，打个电话或者写封信，问候一下朋友的情况。你会发现，朋友都有了很大的变化，有的朋友已经生疏得如同陌路。友情对于一个人是多么重要，而你却因为没有经常联系而轻易地失去了。

一个人每一天都处在紧张的生活状态中，就像上紧了的发条，只会迫使生命过早地衰老，不会有愉快幸福的心情。偶尔停下来，我们才会领悟到生命的种种况味，因而使自己变得宠辱不惊。偶尔停下来，我们才会蓦然顿悟，人生原来如此。

让我们在纷繁的人世间，偶尔停下来。（鲁先圣）

> 偶尔停下来，我们才会领悟到生命的种种况味，
> 　　　　　因而使自己变得宠辱不惊。
> 偶尔停下来，我们才会蓦然顿悟，人生原来如此。

最名贵的墨水笔

富贵华丽——美国名笔犀飞利

犀飞利自1913年创立以来见证过无数历史盛事，最著名的事件包括1945年联合国宪章最后定案之际，犀飞利为联合国指定签字笔，各国代表均用它签署，写下历史新篇章。至于多届美国总统把犀飞利当作专用笔更不用提了。富贵华丽的犀飞利是美国人的骄傲。

一丝不苟——德国名笔万宝龙

德国万宝龙自1924年出售第一支"大班"笔后，外型没有太大的改变，只是制造材料不同：从最经典的天然树脂、纯金银、白金到钻石都有。勃朗峰是欧洲最高的山峰，海拔4807米，山顶终年积雪。万宝龙笔杆儿顶上的白雪花，就是象征着白雪皑皑的欧洲最高峰——勃朗峰峰顶的积雪。全世界最昂贵的笔也是由万宝龙出品，价值十多万美元，18K金制造，镶了4807粒共重22克拉的钻石。万宝龙墨水笔的消费者应该是这样一种人：他是一位成功人士，他是一个很有知识、很有品位的人，而不是那种整天忙于事业而完全牺牲个人生活的人。

派克笔——历史的见证

作为全球高质量书写工具的领导者，派克笔一直伴随着世界上的许多重大活动，见证历史。作家柯南道尔用派克笔塑造了福尔摩斯，富豪亨利用派克笔签下了购买帝国大厦的合约，美国总统尼克松历史性访华时以派克笔相赠……从日本二战投降时的受降人麦克阿瑟将军，到美俄签署核裁军条约的布什与叶利钦，无不是用派克笔记下了历史上浓重的一页。长长的历史铸就了派克笔的辉煌。

你可以告诉他——

❝虽然笔越来越显得无所事事，
但每一个成熟的男人仍会随身带着一支笔，
一支高贵而具有内涵的笔。
然后将自己用过的笔留给儿子，
儿子再留给儿子的儿子，一代代相传下去。
它总能在不经意间为一个男人带来自信和力量。❞

记录生命之旅的相机

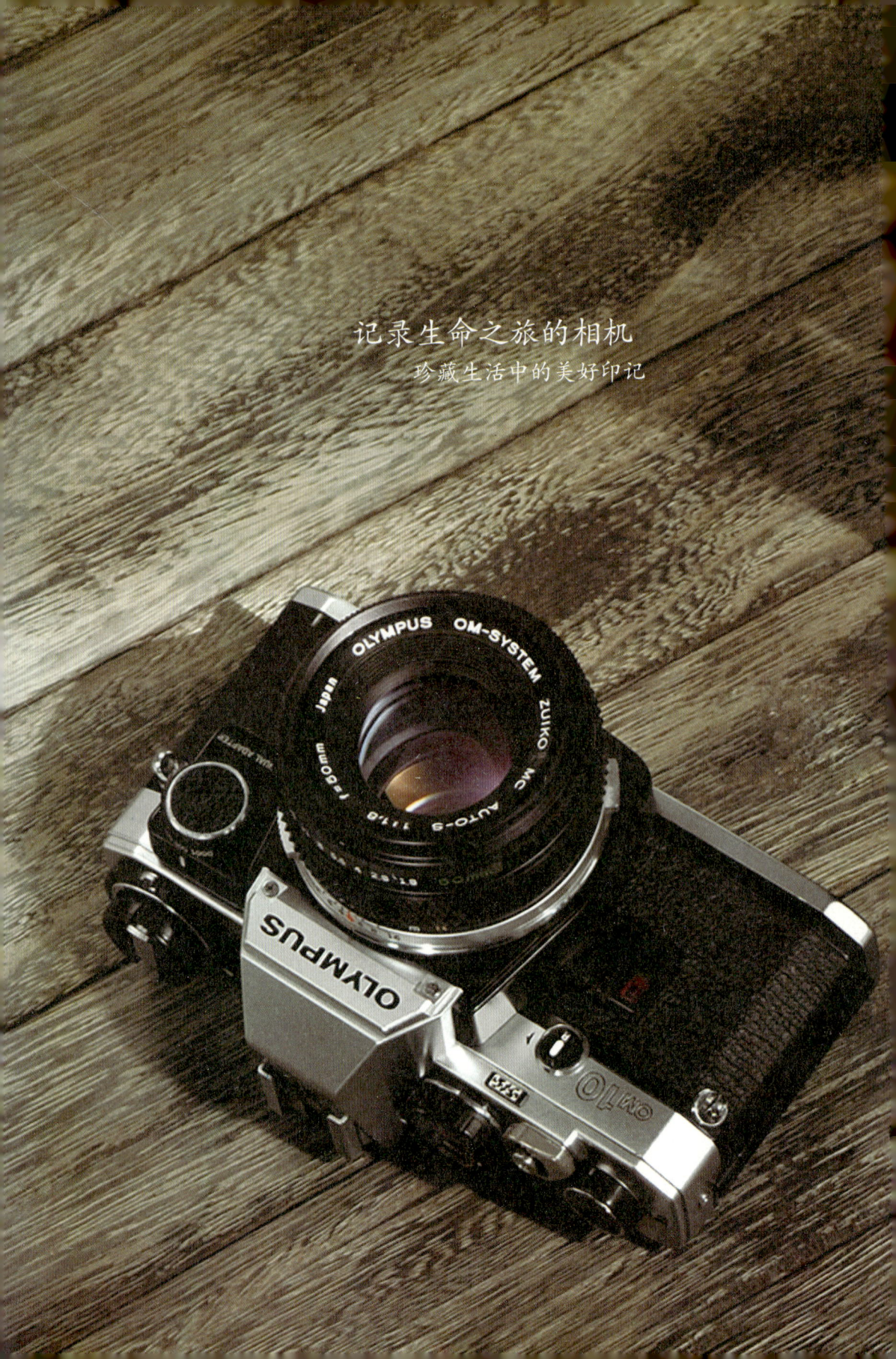

珍藏生活中的美好印记

Special Present #20 相机

Camera

生命无非记忆

如果人生就是一本相册，其中的内涵何其丰富！

而照相机是凝固生命里美好时光的最佳工具。

相爱的人一起变老的岁月，就是一幅幅挂在情感长廊里的照片

爱情是酒，越陈越香；爱情是姜，越老越辣；

爱情是穿石的水，越滴越深。

爱情是皱纹，是白发，是被洗白的衫，见证了激情燃烧的岁月；

爱情是枕头，是锅碗，是旧照片，记录了生命中的点点滴滴；

爱情就是两个人变老时最简单的扶持，

就是在情人节老夫老妻互慰体谅的情话……

那些老照片让爱情变得深沉，让人们在猝不及防中被爱情感动。

每个人心里都有一个模糊的影子，或是一张老旧的照片，

照片上的那个人，是你一生的爱与期待

每个人都会去寻觅那张照片里的人，因为那是你一生中最重要的人。

你清楚自己最后将情归何处吗？

换言之，临终前，你最希望谁陪在你的身边？

His Diary
以最特别的理由

当你老了，头白了，睡意昏沉，
炉火旁打盹，请取下这部诗歌，
慢慢读，回想你过去眼神的柔和，
回想它们昔日浓重的阴影；

多少人爱你青春欢畅的时辰，
爱慕你的美丽，假意或真心，
只有一个人爱你那朝圣者的灵魂，
爱你衰老了的脸上痛苦的皱纹；

垂下头来，在红光闪耀的炉子旁，
凄然地轻轻诉说那爱情的消逝，
在头顶的山上它缓缓踱着步子，
在一群星星中间隐藏着脸庞。

(叶 芝)

人一生中的三种感情

一生中，感情可以分为三种：

当我们要远行那天，试想有三个人送行。

第一个人从一大早就哭着不让你走，一直拉着你的手说会一直想你，把你送至门口，然后回屋子里继续看他崇拜的偶像的电视演唱会。

第二个人帮你收拾行李，替你做好早饭，开车送你到机场，说："保重！"然后回去工作。

第三个人默默地坐在离你很远的地方看着你，什么也没说什么也没做，你几乎感觉不到他的存在。可是他思念你，时时刻刻为你担心。

当我们回来的时候：

给第一个人买很多可爱的礼物，带他去吃饭，去游乐场，看到他，我们很快乐，感觉舒服，连天空的色彩也变得透明。

给第二个人一个拥抱，帮他倒垃圾，为他这个月可以拿很多奖金而高兴，为有他的陪伴而庆幸。

给第三个人一个礼貌的微笑：嗨！然后不知道如何表达。

当我们失去他们的时候：

失去第一个人，我们失去了生活的色彩，灰暗了一段时间后，突然在街角遭遇新的色彩，开始新的旅程。

失去第二个人，我们失去臂膀，无力举起未来的重担，吃过很多补品后，终于恢复原状。

失去第三个人，开始没有感觉，终于有一天发现从失去的那一天开始，自己的灵魂也随之而去，发现失去了无形的堡垒，永远无法填补。

第一种感情是情人的，子女的，朋友的，年轻的。

第二种感情是丈夫的，妻子的，朋友的，中年的。

第三种感情是父母的，爱人的，知己的，永远的。

第一种付出的是语言。

第二种付出的是时间。

第三种付出的是生命。

没有哪一种更美好更可贵，因为这三种我们都需要，但第三种感情看上去最傻。

可有时，我们不得不傻。

　　　　没有哪一种更美好更可贵，因为这三种我们都需要。

谁能让世界停止三秒

如果镜子是无心的相机,所以健忘,
那么相机就是多情的镜子,所以留影。
这世界,对镜子只是过眼云烟,但是对相机却是过目不忘。
在忙碌的现代社会,谁能叫世界停止三秒钟呢?
谁也不能,除了摄影师。
……
近年我接受摄影,常要对方省掉这记旧招,
而改为任我望向别处,只等他一声叫"好",
我就蓦然回首,注视镜头。
这样,我的表情也好,姿势也好,都是新的,即使笑容也是初绽。
在一切都还来不及发呆之前,快门一按,刹那早已成擒。
……
英国工党的要角班东尼有一句名言:
"人生的遭遇,大半是片断的欢乐换来终身的不安;
摄影,却是片刻的不安换来终身的欢乐。"
难怪有那么多发烧的摄影迷不断地换相机,
装胶卷,睁一眼,闭一眼,镁光闪闪,快门刷刷,
明知这世界不断在逃走,却千方百计,要将它留住。(余光中)

你可以告诉他——

"我能想到最浪漫的事,
就是和你一起慢慢变老……"

图书在版编目(CIP)数据

礼物. 赠给男人 / 覃卓颖著.—哈尔滨：哈尔滨出版社, 2013.9
　ISBN 978-7-5484-1520-6

Ⅰ. ①礼... Ⅱ. ①覃... Ⅲ. ①男性－恋爱心理学－通俗读物 Ⅳ. ①C913.1-49

中国版本图书馆 CIP 数据核字(2013)第 176873 号

书　　名:	礼物:赠给男人
作　　者:	覃卓颖　著
责任编辑:	韩金华　杨晓梅
责任审校:	李　战
封面设计:	夏　初
版式设计:	远流图文工作室　杨　琨

出版发行: 哈尔滨出版社(Harbin Publishing House)
社　　址: 哈尔滨市松北区科技一街 349 号 3 号楼　　邮编:150028
经　　销: 全国新华书店
印　　刷: 辽宁星海彩色印刷有限公司
网　　址: www.hrbcbs.com　　www.mifengniao.com
E-mail: hrbcbs@yeah.net
编辑版权热线: (0451)87900272　87900273
邮购热线: 4006900345　(0451)87900345　87900299　或登录蜜蜂鸟网站购买
销售热线: (0451)87900201　87900202　87900203

开　　本:	720mm×1000mm　　1/16	印张: 14	字数:210 千字
版　　次:	2013 年 9 月第 1 版		
印　　次:	2013 年 9 月第 1 次印刷		
书　　号:	ISBN 978-7-5484-1520-6		
定　　价:	38.00 元		

凡购本社图书发现印装错误,请与本社印制部联系调换。　服务热线:(0451)87900278
本社法律顾问: 黑龙江佳鹏律师事务所